KB054654

아파트 한 채만 있어도 고민되는
상속·증여 절세 플랜

회계학 박사 이현진 세무사의

아파트 한 채만 있어도 고민되는
상속·증여 절세 플랜

이현진 지음
감수 **소재윤, 윤상국**

매일경제신문사

"죽음과 세금은 피할 수 없다."

미국의 100달러 지폐에 등장하는 벤저민 프랭클린(Benjamin Franklin)이 한 말입니다. 죽음을 피할 수 없는 것은 누구나 알고 있으므로, 이 말은 결국 세금을 피할 수 없다는 뜻입니다.

공교롭게도 상속세는 죽음과 세금, 양쪽에 걸쳐 있습니다. 상속세나 증여세라는 말을 한 번쯤은 들어봤겠지만, 잘 와닿지 않는 말이었을 것입니다. 그렇기에 우리는 상속세와 증여세에 대해서 많은 의문점을 가지고 있습니다. 무엇이 상속이고, 무엇이 증여일까요? 상속과 증여에 세금을 왜 내야 할까요? 그리고 가장 중요한 질문이 있습니다. 세금을 피할 수 없다면, 세금을 줄일 방법은 무엇일까요?

각자 살아온 환경이 다르고, 그동안 모아온 재산이 다르며, 내야 할 세금도 다르므로 절세 방법을 모든 사람에게 일률적으로 적용할 수는 없을 것입니다. 저자인 이현진 세무사는 이런 질문에 이론과 실무 및 지금까지 쌓아온 다년간의 경험을 사례로 소개하며 답변을 대신했습니다.

부디 이 책이 상속세와 증여세가 무엇인지 알쏭달쏭한 분들에게 도움이 되기를 바랍니다.

법률사무소 가양 대표 변호사 **소재윤**

세금은 공교롭게도 알면 덜 내고 모르면 더 냅니다. 왜 그럴까요? 우리나라 세금의 95% 이상은 납세자가 직접 신고하고 내야 하기 때문입니다. 아마 전부(종합부동산세는 제외)라고 봐도 무방할 것 같습니다. 우리가 알고 있는 소득세, 법인세, 부가세는 물론 상속세, 증여세까지 납세자가 신고한 것을 바탕으로 과세당국에서 세금을 결정하기에 그렇습니다.

그러면 똑같은 재산은 똑같은 세금을 낼까요? 그렇지 않습니다. 같은 재산이라도 다 다릅니다. 그래서 세금 전문가인 세무사가 주변에 있으면 편하다고 합니다. 아무래도 세금을 덜 낼 방안이 있다면 누구나 적게 세금을 내고 싶어 하니 전문가에게 쉽게 물어보면 답이 나와서 그런 것 같습니다.

그런데 왜 똑같은 재산에 똑같은 세금이 안 나올까요? 이건 각자 처한 상황이 다 다르기 때문입니다. 세금을 계산할 때 비과세와 공제, 과세혜택 등이 세금을 줄일 수 있는 대표적인 항목입니다. 여기에 해당하는 사람마다 세금이 달라지니 같은 재산에 같은 세금이 부과하는 것이 아니게 된 것입니다.

상속세와 증여세도 마찬가지입니다. 그래서 누구는 상속재산 20억 원인데 세금 한 푼 내지 않는 사람이 있는 반면에, 누구는 상속재산이 15억 원인데 세금만 수억 원을 내는 사람도 있습니다. 증여도 마찬가지입니다. 부모가 자녀에게 5억 원을 증여하면서 누구는 세금만 1억 원을 넘게 내고 누구는 한 푼도 안 낼 수도 있습니다. 이런 이야기를 들으면 이상하다고 생각할 수 있지만 모두 합법적인 상황입니다. 다만 세금을 알아야만 '내지 않아도 되는 세금'을 안 내는 것입니다.

만약 1,000만 원만 세금을 내도 되는 것을 소득공제 요건에 해당하는지 모르고 4,000만 원으로 신고하면 과세당국이 알아서 다시 1,000만 원으로 줄여줄까요? 그렇지 않습니다. 왜냐하면, 과세당국이 알아서 해준다면 납세자의 개별적 상황을 국가가 모두 간섭하는 것이 됩니다. 개인 정보에 민감한 나라인 우리나라에서 과연 모든 시민이 그것을 수긍할까 싶습니다. 따라서 개인 정보도 지키고 내 재산을 지키려면 세금 상식은 기본적으로 알아야 합니다.

이 책은 10년 이상 세무사로 근무하면서 굉장히 다양한 사람을 만나 상담해주고 상속세 및 증여세 세무조사 대행을 하면서, 납세자가 알면 굉장히 세금을 적게 낼 수 있는 핵심만을 모은 것입니다. Q&A 형식을 빌려 직접 옆에서 강의하듯 서술했습니다. 그래서 상속과 증여를 걱정하는 일반인에게 이 책이 큰 도움이 되길 바랍니다.

이 책은 많은 분의 도움으로 출간했습니다. 우송대학교에서 상속세 강의를 4학년 대상으로 하면서 함께 고민하고 토론했던 윤사빈, 서유림, 이지웅, 지현정, 김부림 학생에게 감사의 말을 전합니다. 그분들의 적극적인 수업 참여와 호응이 없었다면 이 책은 나오지 않았을 것이라는 생각이 듭니다. 항상 바쁜 남편을 위해 열심히 기도하는 아내에게도 감사의 말을 전합니다. 또한, 크리스천으로서 세상 속에서 빛과 소금으로 살아갈 수 있도록 늘 행복과 평안으로 인도해주신 하나님께 감사드립니다.

이 책 한 권이 독자들의 상속세와 증여세에 대한 이해에 조금이나마 도움이 되길 바랍니다. 감사합니다.

연구실에서

세무사 **이현진**

차례

01 상속과 증여는 무엇인가요?

상속과 증여

상속과 증여. 이 용어는 우리가 살면서 매스컴 등에서 한 번 정도는 들어봤을 것입니다.

최근 뉴스를 보니 지난 해인 2022년 상속세 신고 대상자가 급격히 증가했다고 합니다. 그리고 증여세를 신고한 사람도 굉장히 급등했다고 합니다. 이런 이유로 한동안은 언론에서 상속세와 증여세 관련 내용이 많이 보도되었습니다. 원인은 어디에 있을까요?

바로 부동산 가격상승입니다. 부동산 가격상승에는 여러 가지 원인이 있을 것입니다. 금리가 하락하고(돈 빌리는 것에 대한 부담감이 적고) 부동산 가격이 상승할 것이라는 기대심리로 최근 몇 년 동안의 가격상승은 지난 과거 10년간 이루어진 부동산 가격상승의 몇 배 이상이라고 합니다.

그렇기에 상속재산의 기초가 되는 부동산 가격이 상승해서 상속세 납세의무자도 상당히 증가했던 것입니다. 과거에는 제가 거주하는 지역인 대전에서는 상속세 납세자가 그리 많지는 않았는데, 최근에는 꽤 증가했습니다.

그러면 상속이란 무엇일까요?

상속은 돌아가신 분의 재산이 있을 때 그 재산이 상속인에게 넘어가는 것을 말합니다. 이것을 좀 더 유식한 말로 표현하면 '상속은 법률 규정에 따라 자연인의 재산법상의 지위가 사망 후에 특정인에게 포괄 승계함'[1]을 의미합니다.

상속세는 상속의 원인으로 돌아가신 분의 재산이 무상으로 상속인에게 이전되는 것에 부과하는 세금을 말합니다. 그런데 상속과 증여는 항

---

1)《친족상속법 강의》제4판, 윤진수 저, 박영사, 319p

상 같이 이야기하게 됩니다. 왜 그럴까요?

바로 증여도 상속처럼 재산이 무상으로 이전되는 것을 말하기 때문입니다. 즉, 공짜로 재산 이동이 생겼다는 것입니다. 상속과 증여의 차이점은 상속은 사망을 원인으로 하지만, 증여는 생존에 계신 분에게서 재산을 이전했다는 점에서 차이가 있습니다.

그러다 보니 상속세와 증여세는 계산할 때 차이가 좀 있습니다. 아무래도 상속은 상속인이 원하지 않은 상태에서 이루어지는 것이라 상속세에 대한 공제(세금을 깎아주는 것)가 많습니다. 반면 증여는 생존에 계신 분의 의사에 따라 이루어진 행위다 보니 증여세에 대한 공제는 많지 않습니다.

그런데 상속과 증여는 납세자들이 어떻게 하느냐에 따라 세금이 천차만별입니다. 이것은 시점에 따라서도 다르고, 어떤 사유로 했는지에 따라 다릅니다. 또한, 개별적으로 처한 위치와 상황에 따라서도, 같은 금액으로 상속(또는 증여)이 이루어져도 세금은 전혀 다르게 됩니다.

그래서 세금에 대한 정확한 지식을 아는 것이 필요합니다. 이런 의미로 누군가는 우리가 살면서 주변에 있으면 편하다고 느끼는 직업이 의사와 세무사라고 합니다.

세무사의 필요성

의사는 우리의 건강과 직결되어 있어 당연히 필요하다고 생각할 수 있지만, 세무사는 왜 필요하다고 할까요? 우리가 사회생활을 조금이라도 했다면 아마 당연하다고 생각할 것입니다. 그러나 아직 학생이라면 궁금할 수 있습니다. 왜 그런지에 대해 설명하겠습니다.

세금은 언제나 소득이 있는 곳에 존재합니다. 그래서 벤저민 프랭클린은 죽음과 세금은 비껴갈 수 없다고 했습니다. 그런데 이 세금을 누가 부과할까요?

과거에는 경제가 단순해서 세금을 국가에서 부과했습니다. 그렇게 부과해도 국민은 수긍했습니다.

그러나 현재는 어떨까요? 경제가 상상할 수 없을 정도로 발전했습니다. 경제가 발전할수록 이에 연관되는 세금은 더 발전하고 진화했습니다. 그리고 과거와 달리 현대 사회에서는 개인 정보를 굉장히 중요하게 여기게 되었습니다. 누가 나의 모든 것을 안다고 하면 거부반응부터 일어납니다. 저도 마찬가지입니다. 이런 상황에서 국가가 '너의 소득을 내가 다 알고 있으니 세금을 부과하겠다'라며 마구잡이식으로 세금을 부과하면 어떨까요? 엄청난 조세 저항이 일어날 것입니다.

그러면 소득이 있는 곳에 세금이 있다고 하는데 어떻게 세금을 냅니까? 이 점에서 우리는 우리 개인 소득을 가장 잘 아는 사람이 누군지 알아야 합니다. 개인의 소득은 누가 잘 아나요?

바로 본인이지요. 본인이 본인 소득을 가장 잘 압니다. 그렇기에 경제가 무지 복잡한 나라인 자본주의 국가에서는 대부분 세금은 납세자 본인이 신고하고 냅니다.

그런데 이 세법이 쉬운가요? 굉장히 어렵습니다.

세법전만 보더라도 수천 페이지입니다. 또 경제라는 것이 엄청 복잡하고 발전해가고 있는데 이런 것을 법률로 명확하게 규정할 것이란 기대는 어불성설(語不成說)입니다. 또한, 본인의 거래 흐름도 어딘지 모르게 세법에 딱 맞는 것 같지 않게 느껴집니다. 이런 것들을 모두 납세자 스스로 판단하라고 하면, 다들 세금을 최대한 내지 않기 위해 숨기려고 할 것입니다.

그래서 그것을 방지함과 동시에 납세자들에게 어려운 세금을 전문적으로 도와주고 책임져 주는 사람이 바로 세무사입니다.

미국 같은 선진국에는 회계사나 변호사가 그런 일을 하지만 우리나라나 독일 같은 곳은 세무사 제도가 활성화되어 있습니다. 세무사가 조세 업무를 더 전문성 있게 하고 있습니다(아무래도 한 곳만 파다 보니 그 분야에 전문성 있는 것은 당연하겠지요). 그렇기에 세무사가 우리 주변에 있으면, 삶이 확실히 편해지는 것은 사실입니다. 그래야 절세도 할 수 있고, 무엇보다 정확하게 문제없이 세금을 신고할 수 있으니까요.

그러나 뽑는 인원이 국민이 원하는 수준이 아니다 보니, 주변에 가까이 두지 못하는 경우가 많습니다.

특히나 상속은 상속이 이루어진 시점부터 절세할 수 있는 부분은 거의 없습니다. 생존에 계실 때 미리미리 상속 계획을 짜는 것이 그나마 세금을 덜 내고 남아 있는 가족들을 위하는 좋은 방법입니다. 그래서 우리는 상속에 관한 세금 상식은 꼭 알아야 합니다.

전 국민이 상식으로 알아야 하는 세금, 상속세와 증여세에 관해 정확하고 상세하게 알아보겠습니다.

02 상속 용어가 알고 싶습니다

상속 관련 주요 용어

앞으로 상속에 관련한 내용을 함께 살펴보게 됩니다. 편의상 여기에서 사용되는 용어에 대한 설명을 먼저 하겠습니다.

제일 먼저 '피상속인'과 '상속인'을 말씀드리겠습니다. 피상속인은 돌아가신 분을 뜻하고, 상속인은 돌아가신 분의 재산을 무상으로 이전받는 자를 말합니다.

그리고 '유증'과 '사인증여'라는 용어도 알아야 합니다. 유증은 유언으로 재산의 무상증여하는 것을 말하며, 사인증여는 재산을 무상증여한 사람의 사망에 따라 효력이 발생하는 조건이 있는 증여를 말합니다.

유증이나 사인증여에 의해 재산을 취득한 사람을 '수유자'라 합니다.

유증과 사인증여는 비슷하면서 약간의 차이가 있습니다. 유증의 경우는 재산을 받는 사람의 승낙이 필요하지 않지만, 사인증여의 경우는 재산을 무상증여받는 사람의 승낙이 필요하게 됩니다. 그렇기에 사인증여로 인해 재산을 무상증여받은 사람이 재산을 받는 것을 포기한다면, 상속에 관한 법률관계가 성립되지 않게 됩니다.

참고로 '유언'은 유언자가 사망과 동시에 법률 효과를 발생하는 것을 목적으로 하는 것입니다. '유언의 방식'에는 자필증서나 공증증서, 녹음 등이 있습니다.

주요 용어

- 피상속인 : 돌아가신 분
- 상속인 : 돌아가신 분의 재산을 무상으로 이전받는 자
- 유증 : 유언에 의한 재산 증여
- 사인증여 : 사망을 원인으로 인한 재산 증여
- 수증자 : 유증이나 사인증여에 의해 재산을 취득한 자

03 상속 이후 절차에 대해 궁금합니다

상속 이후 절차

가족 중 한 명이 돌아가시게 되면, 심리적 상실감이 커서 제때 해야 하는 것을 놓치는 경우가 발생할 수 있습니다. 이런 것을 대비해 상속 이후 절차를 숙지한다면 깜빡 놓쳐서 불이익을 받는 것을 예방할 수 있습니다.

그래서 상속 이후 시간대별로 해야 하는 일을 단계별로 보도록 하겠습니다.

1단계 사망 신고(상속개시일로부터 1개월 이내)

상속이 개시되면 병원에서 사망진단서 등을 수취하고 건강보험 및 신용카드 등 해지 신청을 진행합니다. 그리고 상속개시일로부터 1개월 이내 사망 신고를 해야 합니다. 사망 신고를 할 때는 수취한 사망진단서(담당 의사가 작성) 또는 시체검안서(사체를 검안한 의사가 작성)를 첨부해서 주민센터(읍·면·동사무소)에서 신고하면 됩니다.

참고로 사망 신고를 하지 않으면 과태료가 부과되는 점도 주의하셔야 합니다. 또한, 돌아가신 분의 인감증명서는 사망 시점부터 발급이 불가하니 조심해야 합니다. 만약 인감증명서를 발급할 경우 위조에 해당해 처벌받게 됩니다.

2단계 상속개시일로부터 3개월 이내

① 상속 포기, 한정승인 기간

돌아가신 분의 상속재산을 조회하고 채무를 확인해야 합니다. 이때 상속재산 등을 조회하는 이유는 상속 포기 또는 한정승인(채무 범위 내 재산 상속)을 진행하기 위해서입니다. 상속 포기 등은 이 기간을 경과하면 받아들여지지 않습니다. 그러므로 반드시 이 기간 내에 피상속인 관할 가정법원에 청구하기 바랍니다.

② 상속재산 조회 방법

상속재산 조회는 정부24 인터넷 홈페이지(www.gov.kr)에서 '안심 상속 원스톱 서비스'를 이용하면 됩니다. '안심 상속 원스톱 서비스'는 피상속인의 금융거래 및 토지, 건축물, 세금, 연금, 자동차, 공제회 등의 재산 조회를 한 번에 할 수 있는 시스템입니다. 해당 서비스를 이용하려면 신청해야 하는데 신청자격은 상속인 또는 후견인입니다. 신청 기간은 사망일로부터 1년 이내에 가능합니다. 다만 피상속인의 채무 등에 따른 상속 포기 및 한정승인을 신청하려면 3개월 이내에 해야 하므로, 꼭 신청기한을 지키시길 권면합니다.

출처 : 정부24

참고로 인터넷 사용이 어렵다면 가까운 시청(구청) 또는 주민센터에 방문해서 신청해도 됩니다. 이때 필요서류는 상속인 등 본인 신분증이며, 대리인이라면 상속인 등의 인감증명서 및 위임장을 첨부해 가시면 됩니다.

안심상속 원스톱서비스 재산 조회 종류

- 국세 및 지방세 정보(체납, 환급, 고지 내역 등)
- 자동차 정보(소유 내역)
- 토지 정보(소유 내역)
- 금융거래 정보(은행, 보험 등)
- 국민연금 및 공무원연금, 사학연금 정보(가입, 대여금 유무)
- 군인연금 가입 여부
- 건설근로자 퇴직공제금 정보
- 건축물 정보(소유 내역)

③ 자동차 소유권 이전 등기

피상속인이 차량을 소유할 경우 소유권 이전 등기도 진행해야 합니다. 기한이 지난 상태에서 진행하면 과태료가 부과됩니다.

상속개시일이 속하는 달의 말일로부터 6개월은 상속세 신고기한입니다. 이 기한에 상속재산을 평가하고(신청의 경우) 취득세 및 등록면허세 등을 신고한 후 납부하게 됩니다.

[기타 - 필요한 내용]

❶ 상속세는 신고 및 납부로 끝나는 것이 아닌 과세관청의 결정과 통지로 종결됩니다. 이 기한은 상속세 신고기한으로부터 9개월 이내 진행되므로 이 기간이 끝나면 사실상 상속세 관련된 업무를 종료하게 됩니다.

하지만 상속재산이 30억 원 이상이 되면 사후 관리요건이 됩니다. 그러므로 상속개시일로부터 5년 동안 상속인이 보유한 부동산, 주식 등이 많이 증가하면 과세관청은 상속세 신고와 관련해 다시 조사를 진행할 수 있습니다.

❷ 사망 관련 국민연금 등(유족연금, 반환일시금, 사망일시금 등)은 국민연금 공단에 청구해야 합니다.

❸ 사망일시금은 수급권이 발생한 날로부터 5년 이내 신청해야 합니다. 이 기간이 경과하면(소멸시효 경과) 받을 수 없게 되니 꼭 참고해야 합니다.

상속 이후 절차

1개월 이내 : 사망 신고(사망진단서 등 지참 후 주민센터 등)

↓

3개월 이내 : 상속재산 조회(상속 포기 및 한정승인 기간), 자동차 소유권 이전 등기

↓

6개월 이내 : 상속 등기 및 상속세 신고

상속세 신고 시 세무사 상담

상속 절차가 어느 정도 마무리되면 이제 상속세를 신고해야 합니다. 이때 상당수가 전문가인 세무사와 상담하는 것이 좋은지를 고민합니다. 물론 상속재산이 많은 분은 이미 상속 절차를 진행하면서 세무사에게 자문받고 절세 방안을 세워 진행하셨을 것입니다. 그러나 그렇지 않은 분은 아무래도 수수료가 있고, 맡긴다고 해도 세금이 크게 달라지지 않을 것 같기도 하다는 이유로 고민하실 것 같습니다.

이에 대해 제 개인적인 견해로는 상속재산을 확실하게 알고 그 규모가 5억 원(배우자가 있는 경우 10억 원) 이하라면 바로 세무서 또는 홈택스에 직접 신고하라고 합니다. 상속재산 금액도 확실하고 세금도 나오지 않은 구간인데 굳이 수수료를 내면서 신고할 필요는 없습니다.

그러나 상속재산이 불명확하다고 생각할 때, 또는 과거 사전증여가 있을 것 같은 생각이 들 때, 돌아가신 분이 사망일 1~2년 전 현금 인출한 금액이 클 때, 상속재산이 5억 원(배우자가 있는 경우 10억 원)을 넘을 때 등의 사유가 있다면 의뢰하는 것이 좋습니다.

04 [상속인 순위] 상속인도 순서가 있나요?

상속인 순위

상속세에 대해 보기 전에 가장 먼저 알아야 할 것이 있습니다. 바로 상속인의 순위입니다.

실제 상속현장에서는 이 부분이 꽤 중요합니다. 아무래도 돌아가신 분의 재산을 상속인들에게 분배하는데, 상속인이 한 명이면 분쟁의 소지가 없을 것입니다. 그러나 여러 명이면 꽤 복잡해지기 마련입니다. 또한, 상속세 납세의무자를 확인하려면 이 순위를 알아야만 규정할 수가 있습니다. 그렇기에 상속순위는 상속세에서 가장 먼저 알아야 합니다.

상속재산 분배에 있어 가장 좋은 것은 돌아가신 분의 뜻에 따라 상속인들이 수긍해 상속재산을 분배하는 것입니다. 그러나 이게 사실 뜻대로 되기는 어렵습니다. 아무래도 이해관계가 다르기도 하고요. 그래서 법에서 이런 것을 정해놨습니다.

그러면 우리나라 법에서 상속재산을 누가 가장 먼저 분배를 받을 수 있을까요?

상속재산을 가장 먼저 분배받을 수 있는 사람은 돌아가신 분의 자녀입니다. 여기에는 입양한 자녀도 포함됩니다. 하지만, 돌아가신 분의 자녀가 없다면 어떻게 될까요? 그러면 돌아가신 분의 부모가 받게 됩니다.

따라서 상속순위로 가장 먼저 받을 수 있는 자격은 직계비속(자녀)이고, 그다음은 직계존속(부모)입니다.

그러면 돌아가신 분이 결혼해 배우자가 생존해 있다면 어떻게 될까요? 배우자는 1순위(자녀) 또는 2순위(부모)와 동등 순위로 상속재산을 받습니다. 즉, 자녀가 상속재산을 받을 때, 돌아가신 분의 배우자도 함께 받게 되는 것입니다. 자녀가 없어 부모가 상속재산을 받을 때, 돌아가신 분의 배우자도 이때 함께 받게 된다는 의미입니다.

만약 자녀와 부모, 모두 없을 때는 배우자가 단독으로 상속재산을 받습니다.

돌아가신 분이 배우자도 없고 자녀도 없고, 부모도 없는 경우도 발생할 수 있습니다. 그때는 돌아가신 분의 형제자매가 상속재산을 받을 수 있습니다. 만약 형제자매도 없다면 조카와 같은 4촌 이내 방계혈족이 상속재산을 받을 수 있습니다. 이마저도 없다 하면 연고자를 수소문해 상속받게 합니다. 이마저도 없다면 최종적으로 국가가 받게 됩니다.

사실 국가가 받는 경우는 흔하지 않습니다. 그런데 가끔 발생하기도 합니다. 어떤 경우에 발생할까요?

바로 상속을 포기할 때입니다. 즉, 상속을 받을 수 있는 순서대로 모두 상속 포기를 한다면 결국 끄트머리로 상속재산이 국가에 수렴되는 것입니다. 아무래도 상속재산보다 빚이 대단히 많은 상황에 해당되겠습니다.

상속순위 🔍

- 1순위 : 직계비속, 배우자
- 2순위 : 직계존속, 배우자
- 3순위 : 형제자매
- 4순위 : 4촌 이내 방계혈족
- * 직계존속과 비속이 없는 경우 배우자 단독 상속

사실혼 관계의 배우자

　상속순위를 정할 때 흔한 질문 중 하나가 '사실혼 배우자는 상속인의 지위에 있는가?'라는 것입니다. 사실혼 배우자는 돌아가신 분과 상당 기간 함께 살면서 실제 배우자나 다름없는 분으로 혼인신고를 하지 않은 사람을 말합니다. 상속 관련 재산 분배에 대한 소송 중 상당 부분이 여기에 해당한다고 합니다.

　사실 돌아가신 분(피상속인)의 내연녀(?)라면 상속인 지위 여부를 논할 수 없지만, 불가피하게 혼인신고를 하지 못한 경우도 있을 수 있습니다. 아니면 재혼 또는 사별에 따라 나이가 든 상태에서 배우자를 만나 혼인신고를 깜빡했거나, 일부러 하지 않는 경우 등 여러 가지 합리적인 사유로 인해 사실혼 관계에 있을 때는 상속인 지위에 있는지가 굉장히 중요할 수 있습니다.

　이와 같이, 합리적 이유가 있는 사실혼 배우자의 경우 상속인의 지위에 있을까요?

　결론부터 말씀드리면 그렇지 않습니다. 즉, 사실혼 배우자는 상속인의 지위가 없습니다. 그렇기에 사실혼 배우자는 상속재산을 분배받을 자격이 없습니다. 다만 돌아가신 분(피상속인)이 유언이 있거나 사인증여와 같은 것을 남겨 놓았다면 일부 재산을 받을 수 있겠습니다. 그러나 상속인의 '유류분 반환 청구 소송'을 진행하면 최악의 경우는 고인의 뜻과 달리 한 푼도 받지 못할 수도 있습니다.

다만 사실혼 배우자 사이에서 자녀가 있다면 직계혈족이기 때문에 그 자녀는 상속인의 지위에 있게 됩니다. 이건 피상속인의 내연 관계에서 발생한 자녀에게도 해당하는 이야기입니다. 즉, 사실혼 배우자나 내연 관계에 있는 사람은 상속인의 지위에 없으나, 그들 사이에서 나온 자녀는 피상속인의 직계혈족이므로 상속인의 지위에 있어 상속재산을 분배받을 자격이 있습니다.

그래서 간혹 상속인들 사이에 다툼이 발생하기도 합니다. 일일 드라마에서도 많이 봤던 것 같네요. 아버님이 돌아가셨는데 갑자기 생전 처음 보는 사람이 와서 가족이라고 하는….

현실에서도 흔하지는 않지만 일어나기는 합니다. 이럴 때 다른 가족들이 반가워하지 않는 것은 어떻게 생각하면 당연합니다. 이 상황에서 새로 나타난 자녀가 본인이 받아야 하는 상속재산을 요구하면 법적으로는 줘야만 합니다. 가족들이 억울하기는 하겠지만 말입니다.

그래서 예측되지 않은 상황(사고 등)에서 상속이 이루어진 것은 어쩔

수 없으나, 어느 정도 예측이 가능한 경우에는 남아 있는 가족들이 불행해지지 않도록 미리미리 상속 준비를 하는 것이 좋습니다.

상속결격 사유

상속재산은 상속인 지위가 있다고 해서 무조건 상속하는 것은 아닙니다.

극단적이긴 하지만 사례를 들어보겠습니다.

병원장을 운영하는 A씨(80세)의 자녀 B(40세)가 도박에 빠져 재산을 탕진했습니다. 아버지의 상속재산만을 호시탐탐 노리다가 C와 꾸며 아버지를 고의로 살해했습니다. 이 경우에 자녀 B가 상속인 1순위이므로, 아버지의 재산을 모두 상속받는 것이 정당할까요?

당연히 아니겠지요.

그래서 민법에서는 상속을 받으면 안 되는 사유를 규정하고 있습니다. 이것을 상속결격 사유라고 합니다.

상속결격 사유

① 고의로 직계존속(부모님), 피상속인(돌아가신 분), 그 배우자 또는 상속의 선순위나 동순위에 있는 자를 살해하거나 살해하려 한 자

② 고의로 직계존속(부모님), 피상속인(돌아가신 분), 그 배우자에게 상해를 가해 사망에 이르게 한 자

③ 사기 또는 강박으로 피상속인의 상속에 관한 유언을 하게 한 자

④ 피상속인의 양자 또는 기타 상속에 관한 유언서를 위조·변조·파기 또는 은닉한 자

상속결격 사유에 해당하면 상속인이 될 수 없습니다. 다만 결격자의 직계비속이나 배우자가 대습상속을 받는 것에는 영향을 주지 않습니다.

대습상속

대습상속이란 상속인이 상속개시 전 사망하거나 결격자가 된 경우 그 상속인을 대신해 상속받는 경우를 말하는 것입니다. 상속인 지위에 있는 자가 결격사유일 때, 상속인을 대신해서 상속받는 사람이라고 보면 됩니다. 만약 이 상황에서 결격자의 배우자나 직계비속이 있다면 그 사람의 상속인 지위를 대신해서 갖게 된다는 의미입니다.

추가로 상속인이 사망한 경우의 대습상속 사례를 보겠습니다.

- 부친 사망일 : 2023년 7월 5일
- 상속인(1순위) : 장남, 차남
- 장남 사망일 : 2023년 8월 5일
- 부친 상속재산의 상속인인 장남의 대습상속 : 장남의 배우자
- 부친 상속재산의 상속 1순위 : 장남의 배우자, 차남

이렇게 됩니다. 이 사례를 통해 대습상속으로 상속인 지위에 있는 경우에도 기존 상속인과 동등하다는 것을 알 수 있습니다.

[상속 포기, 한정승인] 05 상속 포기는 어떻게 하나요?

상속 포기와 한정승인제도

몇 년 전, 뉴스를 통해서 빚 대물림으로 인해 어린 나이의 상속인이 힘들게 살아간다는 것을 들었습니다. 참 안타까운 일이 아닐 수 없습니다. 그래서 우리 법에는 이런 것을 방지하고자 '상속 포기'와 한정승인 제도를 두고 있습니다.

상속 포기는 고인의 재산상 권리와 의무를 모두 포기하는 것을 말합니다. 처음부터 상속인 지위에 없는 것을 의미합니다.

'한정승인'은 상속인이 상속으로 인해 취득한 재산의 한도 내에서 채무와 유증(유언으로 받는 재산)을 갚을 것을 조건으로 상속을 승인하는 것을 말합니다.

상속 포기와 한정승인의 신청기한

상속 포기 및 한정승인을 희망할 때 상속개시일로부터 3개월 이내에 가정법원에 신청하면 됩니다. 따라서 반드시 상속 이후 상속재산을 확인한 후에 부채가 과도하게 많으면 기간 내 신청해야 빚의 대물림을 방지할 수 있습니다.

구비서류

상속 포기	한정승인
- 돌아가신 분의 말소된 주민등록등본 - 돌아가신 분의 폐쇄 가족관계증명서	- 돌아가신 분의 말소된 주민등록등본 - 돌아가신 분의 폐쇄 가족관계증명서
- 가족관계증명서 - 주민등록등본 - 인감증명서 - 인감도장 - 상속 관계를 확인할 수 있는 제적등본 또는 가족관계등록사항별증명서 등	- 가족관계증명서 - 주민등록등본 - 인감증명서 - 인감도장 - 상속 관계를 확인할 수 있는 제적등본 또는 가족관계 등록사항별증명서 등
	- 상속재산목록 및 상속채무목록

한정승인 신청할 때 주의점-양도소득세!

한정승인은 상속받은 재산의 한도 내에서 돌아가신 분의 채무를 변제할 조건으로 상속을 승인하는 것이라고 했습니다.

한정승인을 신청할 때는 양도소득세가 발생할 가능성이 있는지를 확인해야 합니다. 즉, 돌아가신 분의 상속재산 중 부동산 등 양도소득세 과세대상이 있는지를 확인하고 돌아가신 분의 채무 상황을 정확하게 판단합니다. 채무 이행 가능성이 전혀 없다고 판단하게 되면 '상속 포기'로 진행하는 것이 나은 상황이 연출되기도 합니다.

빈번한 사례는 아니지만, 한정승인을 받은 사람이 상속재산으로 받은 것이 없이 억울하게 세금을 부과할 때도 실제 발생하기 때문입니다.

관련된 사례를 들어 설명하면 이렇습니다.

옆집에 사는 철수 아버지가 생존해 계실 때 건물 1채와 토지 1채를 담보대출 10억 원을 끼고 보유하고 계셨는데 지병에 의해서 돌아가시게 되었습니다. 그분이 남긴 재산은 이 재산과 별도로 신용대출 5억 원이 있었습니다.

상속인 철수는 건물 가격과 토지 가격을 더 해보니 13억 원이고 빚이 15억 원이라 상속 포기를 해야 했는데 주신 재산이 아까워 한정승인으로 신청했습니다.

이후 철수 아버지의 채권자인 은행이 채권 회수를 위해 상속인인 철수 명의로 대위등기한 후 임의경매를 진행해 건물과 토지를 경매했더니 경락대금은 15억 원이었습니다.

이런 상황에서 경매로 인해 받은 대금 15억 원은 1순위 담보권자인 은행이 가져가게 되고 철수는 졸지에 상속재산이 없게 되었습니다.

그런데!

경매도 양도소득세 부과 대상이라…. 양도소득세를 신고하고 납부해야 합니다. 누가 할까요? 안타깝게도 상속인 철수가 해야 합니다.

철수가 내야 하는 양도소득세는 경락대금 15억 원에서 상속 시점의 토지와 건물의 가격인 13억 원을 차감한 2억 원 양도차익에 대한 양도소득세인 59,530,500원(지방세 포함)입니다.

상속재산이 없어진 것도 억울한데 세금을 더 내라고 하니 정말 화가 날 수도 있을 것 같습니다.

어찌 되었든 이렇게 억울한 사연이 생긴 판단의 근거를 살펴보면 이렇습니다. 한정승인을 한 자에게 양도소득세 의무를 부여하는 것은 한정승인한 자도 상속인과 동일하게 상속재산을 포괄 승계한 자로서 경락대금이 모두 채권자에게 돌아가더라도 한정승인자는 상속채무의 소멸이라는 경제적 이득을 얻게 된 것입니다. 그러므로 '실질과세원칙'에 따라 부과하는 것이 타당하다는 논리[2]였습니다.

막상 들어보면 틀린 이야기는 아니지만, 세금을 내면 실질 소득이 마이너스가 되는데 이런 논리가 타당한가 하는 생각도 들기도 합니다. 하지만 현재로서는(이렇게 규정하고 있어) 억울한 사연이 발생할 수 있으니 한정승인하려는 분은 꼭 이런 점을 염두에 두어야 하겠습니다.

그래서 이런 일이 예상한다면 한정승인이 아닌 상속 포기로 진행해야 합니다. 상속을 포기하면 처음부터 상속인 지위에 없으므로 양도소득세 납세의무자가 되지 않습니다.

---

2) 대법원 2019두50236, 2019. 12. 12, 대법원 2010두13630, 2012. 9. 13, 서울고등법원 2010누25291, 2010. 12. 29 참고

상속 포기 및 한정승인한 사람의 '사망보험금' 수령 여부

고인의 사망으로 지급되는 '사망보험금'은 상속 포기나 한정승인한 사람도 받을 수 있는지가 궁금하실 수도 있습니다.

아무래도 상속 포기나 한정승인할 경우 사망보험금도 못 받을 것이라고 생각할 수 있습니다.

현행 우리나라는 상속 포기자 또는 한정승인한 사람이라도 사망보험금은 수령할 수 있습니다.

이는 사망보험금이 상속인의 고유재산으로 해석[3]하기 때문에 상속인에게 보험수익자로 지정하지 않더라도 가능하게 됩니다. 다만 상속 포기자 등이 사망보험금을 수령할 경우 상속세 과세대상이 되므로, 수령한 사람도 받은 보험금 내에서 상속세를 연대해 납세할 의무가 있습니다.

---

3) 대법원 선고 2003다29463, 2004. 7. 9

06

[상속재산 분배비율]
유류분제도와 기여분제도가
무엇인가요?

유류분제도

앞서 이야기했듯이 상속재산을 가장 이상적으로 분배하는 것은 고인의 뜻에 따라 하는 것입니다. 보통 유언에 의해 진행하지만, 이것과 배치된 제도가 있습니다.

바로 **유류분제도**입니다.

유류분제도는 상속재산 중 최소한의 법정 비율만큼 상속인에게 주는 것을 뜻합니다. 아무래도 최소한의 재산을 상속인이 요구할 수 있는 권리가 있다 보니 고인의 뜻인 유언의 자유를 제한하고 있는 측면[4]도 있습니다. 이런 이유로 상속인 중 본인의 몫을 받지 못하거나 최소한 받아야 하는 것을 받지 못할 때는 '유류분 반환청구권'을 행사해 상속재산을 받을 수도 있습니다.

아마 뉴스로도 들어보셨을 것입니다. 상속인이 '유류분 반환청구권'을 행사하는 때는 보통 고인의 재산을 사회에 기부한다거나, 혼외자 자녀가 있을 때 본인의 몫을 요구한다거나 하는 등의 사유가 여기에 해당이 되겠네요.

그러면 유류분에 따라 상속인에게 최소한 가져가야 할 몫은 어떻게 계산될까요?

고인의 배우자가 있을 경우와 없을 경우로 나누어서 봐야 합니다. 이는 고인의 배우자가 있을 때 동등 순위의 상속인보다 50% 가산해 받을 수 있기 때문입니다. 아무래도 배우자는 함께 살면서 고인의 재산형성에 많은 영향을 끼쳤기 때문에 그렇습니다. 그리고 동등 순위 상속인은 같은 비율로 분배받을 수 있습니다.

이것을 사례로 한번 볼까요?

---

4) 《친족상속법 강의》 제4판, 윤진수 저, 박영사, 599p

옆집에 사는 영숙이 할머니(70세)가 지병에 의해 사망했습니다. 상속인은 자녀 2명이므로, 상속재산 분배비율은 상속인인 자녀 2명이 같은 비율인 1 : 1로 상속재산을 분배받을 수 있습니다.

또 다른 사례를 넘어가겠습니다.

앞집에 사는 철수가 지병에 의해 사망했는데 사망 당시에 아내와 자녀 2명이 있다고 보겠습니다.

이때는 상속인이 자녀 2명과 배우자 1명이 있으므로 배우자는 같은 순위의 자녀보다 50% 가산해 분배받을 수 있어서 다음과 같은 비율로 분배하게 됩니다.

1(자녀 甲) : 1(자녀 乙) : 1.5(배우자)

이것을 숫자로 표현하면 이렇게 됩니다.

자녀 甲 : 1/3.5 = 2/7

자녀 乙 : 1/3.5 = 2/7

고인의 배우자 : 1.5/3.5 = 3/7

다만 유류분 비율(법정 상속비율)을 계산하는 것은 상속인들 간의 상속재산 분배의 다툼이 있다거나 본인의 상속재산이 충분하지 않다고 여기는 등의 사유가 있을 때 등 원인에 따라 하는 것입니다. 상속인 간의 협의로 인해 고인의 뜻을 존중한다면 이 계산은 굳이 할 필요가 없습니다.

기여분제도

상속재산을 분배할 때 최소한의 몫을 분배받기 위한 제도 외 고인의 상속재산 형성에 일정 부분 기여한 상속인에게 상속재산을 가산해 주는 제도도 있습니다. 이것을 **기여분제도**라고 합니다.

보통 돌아가신 시부모님을 평생 모셨던 큰며느리라던가, 고인의 간병을 수십 년 동안 도맡은 작은며느리, 아니면 돌아가신 분의 재산형성에 있어 기여도가 굉장히 매우 컸던 부잣집 막내아들 같은 사람이 있었다면 본인의 상속재산 몫이 다른 상속인과 같거나 적다면 매우 억울할 수 있어 기여분제도가 생겨난 것이 아닌가 합니다.

기여분제도는 상속인 간의 협의로도 할 수 있지만 서로 간의 협의가 되지 않으면 가정법원에 청구해서 진행할 수 있습니다.

07 유산과세형과 취득과세형이 뭔가요?

상속세 과세유형

얼마 전 뉴스를 보니 상속세 과세유형을 '유산과세형'에서 '취득과세형'으로 바꾸는 것에 관한 연구가 시작되었다고 합니다. 각 분야 전문가를 모시고 연구하는 것 같습니다.

이 연구가 진행되는 배경은 우리나라 상속세가 OECD 국가에서 상당히 많이 납부하는 편에 속하고, 그 원인 중 하나가 상속세 과세형태가 유산과세형때문이라는 것입니다. 그래서 상속세 과세체계를 세금을 적게 내는 방향으로 하기 위해 유산과세형에서 취득과세형으로 전환하는 것을 연구하는 것입니다.

상속세가 줄어든다면야 기뻐하는 사람도 있을 것 같습니다. 그러나 아마 다르게 생각하는 분도 분명히 있을 것입니다.

그런데 유산과세형, 취득과세형을 처음 들어보시는 분도 있을 것 같습니다. 이 내용은 상속세를 계산할 때 중요한 용어이기에 살펴보도록 하겠습니다.

유산과세형

유산과세형은 피상속인을 기준으로 상속재산을 계산하는 방법을 말합니다.

아무래도 돌아가신 분을 기준으로 그분이 남긴 유산총액(재산)에 대해 세금을 산출하기 때문에 세금이 많이 나오게 됩니다. 이유는 상속세가 상속재산의 크기에 따라 10%~50% 세율을 누진 적용하고 있어서 한 사람 기준으로 누적된 재산에 대해 세금을 계산하면 상대적으로 높게 책정이 될 수 있습니다.

사례를 통해 살펴보겠습니다.

올해 사망한 철수(80세)의 재산이 9억 원인데 상속인은 자녀 3명이라고 해봅니다. 자녀는 각 3억 원씩 상속재산을 받았습니다.

이때 유산과세형으로 상속세를 계산하면 상속인이 각각 받은 재산인 3억 원이 아닌 총상속재산인 9억 원을 기준으로 산출하게 됩니다. 그러면 9억 원[5]에 해당하는 세율이 적용됩니다. 만약 상속인 기준으로 했다면 각 상속인이 받은 재산이 3억 원이니 그보다 낮은 세율이 적용될 것입니다.

그래서 유산과세형은 상속재산이 많은 사람일수록 불리하게 작용할 수 있습니다.

그러나, 유산과세형 과세체계도 장점은 있습니다.

바로 효율적인 세무행정이 가능하다는 측면입니다. 이유는 한 사람 기준으로 세금을 매기다 보니 한 사람만 확인하면 됩니다. 과세당국은 상대적으로 효율적으로 세무행정을 볼 수 있습니다. 만약 상속재산을

---

5) 이해 목적상 서술하는 사례이므로 실제 세율에 적용하는 과세표준을 산출할 때 필요한 상속공제 등은 논외로 하겠습니다.

분산시켜 신고 대상자를 여러 명으로 둔다면 귀속이 같은 재산을 여러 명 입장에서 세무행정을 보게 되므로 복잡할 수 있습니다.

또한, 유산과세형은 변칙적인 조세회피를 막을 수 있습니다. 즉, 한 사람을 기준으로 세금을 부과하므로 부의 분산이 큰 의미가 없게 되어 조세회피를 예방할 수 있다는 의미입니다.

취득과세형

취득과세형은 취득자(상속인 등)의 관점에서 상속세를 계산하는 것을 말합니다.

앞서 살펴본 사례로 다시 설명해보겠습니다.

철수 기준으로 상속재산 9억 원에 대해 세금을 부과하는 것이 아닌 상속재산을 받은 상속인인 자녀 기준으로 각각 3억 원에 대해 세금을 부과한다는 의미입니다.

상속세 세율은 누진세율로 적용하다 보니 한계세율이 굉장히 중요합니다. 상속인 기준으로 세금을 부과하면 한계세율이 낮아져서 유산과세형에 비해 상대적으로 세금 부담이 줄어들게 됩니다. 그러면 상속세 부담이 큰 사람에게는 취득과세형이 좋을 수 있습니다.

또한, 취득과세형으로 상속세를 부과하면 부의 분산도 가능하게 됩니다. 그러나 부의 분산이 가능하면 위장분산을 통한 조세회피 기회를 만들 수 있는 위험도 존재하게 됩니다.

그리고 과세당국 입장에서는 한 사람만 확인하면 되는데, 취득과세형으로 바뀌면 여러 사람 것을 확인해야 하므로 세무행정 업무가 증가하게 됩니다.

추가로 만약 돌아가신 분의 누락 재산을 시간이 지나 확인되어 그 누락 재산에 세금 부과를 해야 하는데 유산과세형에서는 누락 재산에 대한 세금 부과를 할 수 있습니다. 반면 취득과세형에서는 누락 재산의 이득이 누가 가져갔는지 파악이 어려워 세무행정에 있어 혼란을 일으킬 위험도 존재합니다.

마지막으로 취득과세형은 유산과세형에 비해 세수가 줄어들기에 국가 예산 집행에 영향을 받을 수도 있습니다.

일반적으로 서민의 세금을 줄이고 복지혜택을 늘리면 환영하는 사람이 많이 생길 것 같습니다. 그런데 부자들의 세금을 줄임에 따라 예산이 부족해 서민의 복지혜택을 줄이면, 싫어할 사람도 많이 생겨날 수 있습니다.

그래도 다른 국가에 비해 상속세가 과도하게 많다면 조정할 필요는 있을 것 같습니다.

현재 우리나라는 상속세는 유산과세형으로 부과하지만, 증여세는 취득과세형으로 세금을 계산합니다.

08 [사전증여와 보험] 상속세를 줄이는 방안이 있나요?

상속세도 줄일 수 있을까요?

세금은 죽음처럼 절대 비껴갈 수 없습니다. 그래서 상속은 누구에게나 발생하는 것이고 상속세도 마찬가지입니다.

그러면 상속에 부과하는 세금은 어떤 기준으로 부과할까요? 바로 상속재산입니다. 상속재산에 세금을 부과한다면 상속재산이 같다면 누구나 같은 세금을 낼까요? 그렇지 않습니다.

사례를 들어보겠습니다.

옆집에 사는 철수네 할머니 재산이 20억 원인데 세금을 냈다고 하지 않았습니다. 앞집에 사는 영희네 할아버지는 그보다 작은 15억 원을 남기고 돌아가셨는데 세금만 몇천만 원 냈다고 합니다. 이런 일이 가능할까요? 상속세는 충분히 가능합니다.

그래서 상속은 생전에 어떻게 했느냐에 따라 세금을 상당히 줄일 수 있습니다. 그중에서 사용하는 방법 중 가장 대표적인 것이 사전증여와 보험, 상속공제 등을 이용하는 방안입니다. 이에 대해 살펴보도록 하겠습니다.

사전증여

사전증여는 상속인의 경우 피상속인이 돌아가신 날(상속개시일)로부터 10년 이내와 상속인이 아닌 자는 5년 이내 증여한 금액이 있으면 상속세 과세표준에 합산해 신고하는 것을 말합니다.

사전증여가 상속세에 포함되기 때문에 미리 증여해도 의미가 없다고 생각할 수도 있지만, 상속재산이 많은 사람의 경우는 미리 증여한 것 때문에 상속세 세금을 줄일 수 있습니다.

다만 이런 경우는 몇 가지 전제조건이 있습니다. 그것은 바로 부동산을 증여해야 하고 부동산에 대한 기대심리가 상승하는 형태이어야 합니다. 그래서 과거 10년 전에 자녀(상속인)에게 부동산 증여했던 피상속인은 상속세를 꽤 절감했을 것입니다. 왜냐하면 10년 전 부동산 가격은 현재 가격보다 월등하게 낮기 때문입니다. 서울지역만 하더라도 10년 전인 2010년 무렵에는 3억 원에서 4억 원이면 아파트를 구입할 수 있었으나, 현재는 불가능하다는 것은 알 수 있으니까요. 물론 금리 인상이 계속된다면 부동산 하락 폭이 커져 달라질 수도 있겠지만요.

어찌 되었든 과거에 부동산을 증여했던 사람은 증여 당시의 부동산 가격으로 상속재산으로 합산되기 때문에 만약 증여하지 않고 그대로 보유했다면 현재 시점의 부동산 가격으로 계산되어 상대적으로 많은 금액의 상속세가 나올 수 있습니다.

특히나 우리나라 상속세 세율이 10~50%로 분포되어 있으니 자산이 많을수록 미리 증여하는 것이 세금 절감 폭이 더 커지는 것을 알 수 있습니다.

그래서 상속은 언제나 미리미리 계획해 실행하게 되면 얼마든지 세금을 줄일 수 있습니다.

그러면 부동산은 모든 사람이 미리 증여하면 좋을까요? 그렇지 않습니다. 상속재산이 적을 때 사전증여는 고려하지 않는 것이 좋습니다. 아무래도 상속세가 증여보다 공제가 크고 많기에 증여하면 상속세가 줄어든다는 소리 듣고 미리 증여했다가 세금만 더 낼 수 있기 때문입니다.

그러면 어떤 사람이 사전증여하는 것이 좋을까요? 미리 증여할 때는 여기 3가지에 해당할 때 하는 것이 좋습니다.

❶ 상속재산이 최소 10억 원 이상인 경우
❷ 부동산이 2채 이상으로 부동산의 가치가 계속 상승할 때
❸ 상속인 간의 분쟁 우려로 마음에 드는 자녀에게 꼭 주고 싶을 때

앞서 언급한 3가지에 해당된다면 사전증여하는 것이 좋습니다.

예전 어느 분이 주택 1채와 예금 잔액 3억 원 정도 있는데 주택을 미리 증여하는 것이 좋을지를 물어온 적이 있었습니다.

주택의 가격은 6억 원이 시세였는데 그 가격으로 증여세를 계산해 보니 취득세 3.8%(지방교육세 포함)는 약 280만 원이 나오고 증여세는 자녀 5,000만 원 공제를 제외하고 신고세액공제 적용한 상태에서 총 1억 185만 원이 나오게 되었습니다.

꽤 많은 세금인데 만약 상속으로 이전하게 되면 (금융재산공제와 일괄공제 5억 원을 적용하고 배우자상속공제 또는 동거주택 상속공제[6]) 상속세는 아예 안 나올 수 있어 이것을 수치로 보여주면서 설명했더니 증여 생각을 접으셨습니다.

그래서 사전증여는 꼭 본인의 재산을 확인한 후 앞서 말씀드린 사전증여하면 좋은 사유 3가지에 해당할 때 진행하는 것이 좋습니다.

추가로 금융재산은 상속으로 할 때 최대 2억 원까지 공제를 받을 수 있으므로 창업자금으로 증여할 계획이 아니면(상속개시 전 10년 이내) 될 수 있으면 금융자산(예금 포함)은 증여하지 않는 것[7]이 좋습니다.

보험 활용-상속세 재원 활용 방안

고인의 사망으로 인해 보험금을 수령할 경우 해당 보험금도 상속세 과세대상으로 분류되어 상속세가 부과됩니다. 그러나 보험금으로 상속세 부담을 줄이는 방안이 있습니다.

---

6) 이 내용은 뒤에서 볼 예정입니다.

7) 만약 상속까지 기간이 사전증여로 보는 기간(상속개시일 기준 10년 이내)보다 많이 남았다고 하면 금융재산을 미리 증여하는 것이 상속재산을 줄여 세금 절감에 좋습니다.

바로 보험을 계약하고 납부하는 주체가 상속인이면 됩니다. 일반적으로 보험을 계약할 당시 보험계약자와 보험수익자(보험금 수령자)를 지정하게 됩니다. 이때 보험수익자는 상속인으로 하되 보험 지급대상인 피보험자(보험 사고의 대상이 되는 객체)를 피상속인으로 하면 됩니다.

갑작스러운 사고에 의해 상속될 때는 보험을 활용할 수 없습니다. 그러나 기대수명(통계청에 따르면 기대수명은 83.5세임)에 가까운 부모가 생전에 계실 때, 미리 피보험자를 부모로 하되 보험료를 상속인이 납부한다면 향후 부모가 돌아가실 때 수령하게 되는 보험료는 모두 상속세로 과세가 되지 않습니다. 이는 낸 금액 이상을 수령해도 증여세 또는 소득세로도 과세가 되지 않다는 의미입니다.

따라서, 보험을 잘 활용하면 상속세 재원으로 사용되어 상대적으로 세금 부담이 줄여서 부를 이전할 수 있습니다.

즉, 부모님의 재산이 상당히 많아 상속인이 거액의 상속세를 내야 하는 상황이 예상되면 미리 부모님의 보험료를 상속인이 내는 것으로 계획하면 향후 보험금을 수령할 때 받은 보험금(상속세 ×, 소득세 ×)으로 세금을 내게 될 수 있습니다. 세금 부담을 상대적으로 줄이게 되어 이상적인(?) 부의 이전이 되는 것입니다.

예를 들어, 10년 전 비트코인에 1,000만 원 투자해 올해 15억 원의 재산을 가지게 된 철수(80세)를 위해 딸인 영희(50세)가 상속세 재원 마련을 위해 보험에 가입했다고 해보겠습니다.

가입할 때 보험료 납부는 영희(50세, 상속인)가, 보험사고 대상을 철수 (80세)로 한 뒤 매달 보험료를 영희가 내다가 5년이 지난 뒤 철수가 지병에 따라 사망함에 따라 보험회사로부터 5억 원의 보험금을 받았습니다.

이때 받은 보험금 5억 원은 세금이 부과되지 않습니다. 보험료를 낸 사람과 수령한 사람이 같기 때문입니다.

만약 상속인 영희가 돌아가신 분으로부터 상속재산 15억 원을 받고 상속세를 5억 원이 발생한다고 하면 보험금으로 받은 5억 원으로 상속세를 낼 수 있으니 순수하게 세금 부담 없이 재산을 상속받게 되는 것입니다.

상속재산 차감 항목과 공제를 챙겨야 절세!

상속세를 줄이려면 상속세 과세가액을 줄이는 방법과 상속공제를 활용하는 방법이 있습니다.

상속세 과세가액을 줄이는 방법은 장례비용, 공과금, 채무를 이용하는 것입니다. 상속공제를 활용하는 방법은 세법에서 규정한 요건이 충족되면 상속세 신고할 때 같이 신청하면 됩니다. 이 책에서 후술[8]하는 부분을 꼭 참고하셔서 나가지 않아도 되는 돈을 몰라서 나가는 일이 없도록 해야겠습니다.

---

[8] ① 상속재산에서 차감하는 내용, '18. 상속재산에서 차감하는 항목은 어떤 것이 있나요?'
    ② 상속공제 내용, '24. 상속공제에 대해 알고 싶습니다' ~ '30. 금융재산 상속공제에 대해 알고 싶어요'

09 상속세 신고를 무조건 해야 하나요?

상속세가 안 나와도 신고해야 할까요?

상속세에 대해 강의를 하거나 상담을 진행하면 '상속재산이 5억 원 (돌아가신 분의 배우자가 생존해 계시면 10억 원) 이하인데 상속세 신고를 해야 하는지?'를 질문하시는 경우가 많습니다.

아무래도 '세금도 안 나오는데 귀찮게 굳이 신고할 필요가 있을까?' 하는 생각이 있어서 그럴 수 있습니다.

그러면 이에 대한 전문가 생각은 어떨까요? 아마도 모든 전문가가 무조건 신고하라고 이야기할 것입니다. 왜 그럴까요? 여기에 대해 살펴보도록 하겠습니다.

꼭 상속세 신고해야 하는 이유는 가산세 절세!

상속세는 자진해서 신고, 납부하는 세목은 아니지만, '납세협력의무 차원'에서 신고를 반드시 해야 합니다. 그래야 향후 세금 신고를 하지 않은 것에 따른 불이익을 회피할 수 있습니다.

상속세에 대해 정확하게 알지 못한 경우 상속재산가액이 5억 원(배우자가 생존할 경우 10억 원)이 되지 않으면 납부세액이 없어서 신고하지 않아도 무방하다고 생각하는 분들이 있습니다.

그러나 상속세가 나오지 않더라도 자진해서 신고하는 것이 안전합니다.

이유는 가산세 때문입니다. 상속재산가액이 일괄공제 금액(5억 원 또는 고인의 배우자가 생존할 경우 10억 원) 안에 있으면 상관없습니다. 그러나 만약 상속인이 상속재산가액을 착각해서 신고하지 않은 것을 발견하게 되면 무신고 가산세(20%)가 부과될 수 있기에 그렇습니다.

상속인이 주로 착각하거나 의도치 않게 빠뜨리는 상속재산 중 2가지가 바로 상속재산가액에 가산하는 '사전증여재산가액'과 '추정상속재산금액'[9]입니다. 이 부분은 상속인이 쉽게 챙기기 힘든 부분입니다.

사전증여재산가액은 상속개시일 기준 10년(상속인 외의 자에게 증여한 것은 5년) 이내 증여한 가액을 가산한 것입니다. 추정상속재산은 상속개시일 전 1년 또는 2년 이내 부동산 등을 처분한 금액의 행방이 명확하지 않을 때 발생하는 것입니다. 아무래도 고인이 아닌 상속인이 해당 부분을 미리 안다는 것은 쉽지가 않습니다. 대다수 이것도 세금 계산에 들어가는지도 모르는 경우가 많습니다.

이 2가지 외에도 해외 부동산 등 상속인이 알지 못하는 재산이 발견하는 때도 있어서 만약을 위해서라도 상속세는 무조건 신고하는 것이 좋습니다.

만약 상속세 납부세액이 없더라도 신고를 하게 되면 과세당국이 누락한 재산을 발견했다 하더라도 가산세 부담을 조금은 덜 수 있게 됩니다.

이유는 신고 자체를 하지 않을 때는 '무신고 가산세'가 부과되는데

---

9) 이 부분은 상속세 과세가액에서 자세히 다루겠습니다.

이 금액은 세금의 20%입니다. 그러나, 신고를 하게 되면 무신고 가산세가 아닌 과소신고 가산세가 부과됩니다. 과소신고 가산세는 10%입니다. 무신고 가산세보다 훨씬 작다는 것을 알 수 있습니다.

예를 들어 설명하면, 앞집에 사는 철수 아버지가 2023년에 돌아가셨습니다. 철수는 상속재산을 확인한 결과, 4억 5,000만 원으로 5억 원 미만이라 신고를 하지 않았습니다.

하지만 철수 아버지가 2020년에 철수에게 1억 원을 증여했는데, 철수는 사전증여재산이 상속재산에 들어가는지 몰랐습니다.

이후 과세당국이 철수 아버지에 대한 상속등기가 있어 상속에 대한 과세자료를 보면서 2020년 사전증여가 있음을 확인하고 상속세 500만 원을 결정했습니다. 이때 철수는 상속세를 신고하지 않았기 때문에 본래 내야 하는 세금 500만 원 외에 무신고 가산세인 500만 원의 20%인 100만 원을 추가로 부과됩니다.

만약 철수가 상속세를 자진해 신고했다면 과소신고 가산세 500만 원의 10%인 50만 원이 부과됩니다.

가산세 차이가 느껴지시지요? 만약 누락한 상속재산이 많다면 그 차이는 더욱 벌어집니다.

　그래서 혹시 상속인도 모르게 발생할 수 있는 상속재산 누락에 대한 가산세 부담을 줄이기 위해서라도 신고기한 내 꼭 상속세를 신고하는 것이 좋습니다.

상속세 부과 제척기간

　그러면 상속세 신고를 하지 않을 때 국가는 그 사항을 발견하기 전까지 언제든 세금을 부과할 수 있을까요?

　그렇지 않습니다. 세금을 부과할 수 있는 권한을 '국세부과권'이라 합니다. 이 부과권 행사는 어떤 사유이냐에 따라 상속개시일로부터 10년 또는 15년이 됩니다.

　해당 기간이 지나면 상속세는 부과할 수 없어 자동소멸됩니다. 따라서 과세당국이 영원히 신고하지 않은 세금을 언제든 부과할 수 있는 것은 아닙니다.

　10년 이내 부과권을 행사할 수 있는 것은 부정한 방법이 아닌 상황에서 상속세를 축소해 신고했다는 등의 일반적인 사유이면 됩니다. 그러나 상속세를 신고하지 않았다거나 부정한 방법에 따라 축소해 신고하는 등의 원인이면 과세당국은 **15년** 이내 상속세를 부과할 수 있습니다.

그리고 과세당국이 국세부과권을 행사해 세금을 부과하면 무신고 가산세(20%) 외에도 그동안 납부하지 않음에 따라 부과하는 납부불성실 가산세도 추가해 부과됩니다.

납부불성실 가산세는 납부기한이 지난 다음 달부터 매일매일 가산이 되어 꽤 큰 금액의 가산세가 부과될 수 있습니다.

특히나 상속세 신고를 하지 않을 때 과세당국은 15년의 기간 동안 부과권을 행사할 수 있어서 제척기간이 거의 만료되는 시점에 과세당국이 부과하게 되면 상속인은 세금 때문에 한동안 정신을 못 차릴 수 있습니다.

아무래도 이때 부과되는 세금이 상속인이 기본적으로 내야 하는 상속세(본세)와 무신고 가산세 20%, 매일매일 가산되는 납부불성실 가산세, 이 3가지 세금이 한꺼번에 부과되기 때문입니다.

만약 이런 상황(과세당국이 상속개시일로부터 15년 이내 상속세 신고재산 누락액을 발견한 상황)에서 납세자가 상속세를 신고했더라면 어땠을까요? 이미 과세당국이 부과권 행사할 수 있는 기간인 10년이 지났기에 이 세금을 부과하고 싶어도 부과하지 못할 것입니다.

이것만 보더라도 상속세가 나오지 않은 상황이라도 신고하는 것이 꽤 중요하다는 것을 알 수 있습니다.

상속세 소멸시효

상속세를 신고하게 되면 구체적인 세금 금액이 나와 납세자는 반드시 납부기한 내 납부를 해야 합니다. 그러나 깜빡하고 못 내거나 아니면 경제적 사유에 따라 세금 납부를 하지 못할 수도 있습니다.

이때도 과세당국은 계속해서 세금을 내라고 압박할 수 있을까요? 이것도 그렇지 않습니다.

세금도 국가 입장에서는 채권이기에 소멸시효가 있습니다. 소멸시효는 금액에 따라 다르게 적용이 됩니다. 미납한 세금이 5억 원 이하면 5년이고, 5억 원이 초과하면 10년이 됩니다. 이 기간이 지나면 세금을 내지 않아도 됩니다.

그러나 과세당국이 중간에 세금을 부과하도록 고지서(독촉장 등)를 보내거나 압류 등을 하게 되면 소멸시효 기간이 다시 기산됩니다. 이런 이유로 상속세 체납은 평생 간다고 해도 무방할 것 같습니다.

하지만 과세당국이 실수로 깜빡해(과세당국도 결국 일은 사람이 하는 것입니다)소멸시효 기간 동안 독촉장 등을 보내지 않았다면 소멸시효는 다시 기산될 수 없습니다. 따라서 그 기간이 지나면 세금을 내지 않아도 됩니다.

최근에는 국세청의 시스템이 워낙 좋아져서 실수로 빠뜨리는 경우는 거의 없지만, 아주 드물게 발생하기도 합니다.

10 이민 간 사람은 상속세가 달라지나요?

10년 전 이민 간 영희의 상속세가 다른 이유?

10년 전 미국에 이민 간 영희(80세)는 지병에 의해 사망했습니다. 사망 당시 미국 부동산 10억 원과 한국 부동산 3억 원이 있었습니다.

영희의 친구 철수(80세)는 한국에서 계속 산 후 지병에 의해 사망했습니다. 철수도 미국 부동산 10억 원과 한국 부동산 2억 원이 있었습니다.

그런데 영희의 상속세를 계산하니 1,000만 원 나왔는데 철수는 영희보다 자산이 1억 원 작은데도 상속세 1억 5,000만 원이 나왔습니다.

왜 이런 현상이 발생할까요? 이에 대해 한번 살펴보도록 하겠습니다.

거주자와 비거주자 차이

우리나라는 거주자와 비거주자에 대해 세법에서 많은 차이를 두고 있습니다. 소득세는 물론 법인세에서도 많은 차이를 두고 있습니다. 아무래도 거주자인 경우는 우리나라에서 혜택을 받았던 사람이므로 그 사람을 기준으로 세금을 부과하지만, 비거주자는 우리나라에서 상대적으로 혜택을 덜 받았으므로 국내에서 소재한 부분에 대해만 세금을 부과하는 것이 합리적이라고 볼 수 있습니다.

상속세도 마찬가지로 거주자와 비거주자에 따라 차이가 있습니다. 다만 상속세는 유산과세형의 형태로 세금을 계산하기 때문에 돌아가신 분을 기준으로 판단합니다.

즉, 돌아가신 분이 거주자 여부와 비거주자인지를 판단해 세금을 계산하는 데 차이가 있는 것입니다.

거주자와 비거주자 간의 상속세 차이점은 다음 표로 요약할 수 있습니다.

구분	거주자	비거주자
과세관청	피상속인의 주소지	주된 상속재산 관할서
상속세 신고기한	상속개시일이 속하는 달의 말일로부터 6개월 이내	상속개시일이 속하는 달의 말일로부터 9개월 이내
과세범위	국내 및 국외 모든 상속재산	국내에 소재한 모든 상속재산
과세가액 차감	공과금 및 장례비, 채무 모두 공제 가능	국내 사업장에 확인되는 공과금 및 채무만 공제 가능

표에서 확인할 수 있듯이 거주자와 비거주자는 상속세 계산할 때 차이가 꽤 큽니다.

거주자는 국내뿐만 아니라 국외에 있는 재산까지 과세하는데, 비거주자는 국내 소재한 것만 과세하게 됩니다. 그래서 돌아가신 분이 생전에 계실 때 해외 부동산이나 주식, 예금 등을 얼마나 가지고 계셨는지를 꼭 확인해야 합니다. 아무래도 해외에 자주 출장을 가셨다면 상속세 신고하기 전에 꼼꼼하게 볼 필요가 있습니다.

반면에 고인이 비거주자이면 국내에서 발생한 상속재산에 한해만 상속세를 신고하면 됩니다. 신고기한도 거주자보다는 길다는 특징을 갖고 있습니다.

그래서 앞서 사례에서 미국에 이민간 영희가 철수보다 세금을 덜 내게 되는 것입니다.

만약 상속세가 나오지 않은 곳에 이민 가면 어떻게 될까요?

국내 재산이 없는 한 상속세가 나오지 않게 됩니다. 상속세가 없는 대표적 나라가 호주나 싱가포르입니다. 이런 국가로 이민 간 사람은 국내 재산이 없는 한 상속세 걱정은 하지 않아도 될 것 같습니다.

그러면 거주자와 비거주자는 어떻게 판단할까요? 시민권만 있으면 될까요?

그렇지 않습니다. 거주자와 비거주자 구분은 국내 주소 또는 183일 이상 거소(거주하는 장소)가 있는지로 판단하게 됩니다. 1년 365일 중 절반에 해당하는 기간입니다.

그래서 실제로 외국 시민권을 갖고 있어도 실질적 생활 근거가 우리나라이면 거주자로 보게 됩니다. 그러나 비단 이것만 보고 판단하는 것은 아닙니다. 직업, 가족, 자산, 세금 신고 등 전반적으로 판단합니다. 대표적인 사례 몇 가지만 살펴보겠습니다.

❶ 학생의 경우 외국에서 183일 이상 거주해도 부모에 따라 판단하게 되어 부모가 국내에 있으면 국내 거주자로 봅니다.

❷ 실질적으로 거주하는 주택이 국내이면 외국에 생활해도 임시적

성격으로 추정할 수 있어 국내 거주자로 볼 가능성이 큽니다. 세금 신고도 외국 거주자로 신고하지 않고, 국내 거주자로 신고하면 183일 이상 외국에 있어도 국내 거주자로 보게 됩니다.

❸ 이와 반대로 해외에서 1년 이상 근로계약을 체결한 직업을 갖고 있다면 비거주자로 볼 가능성이 큽니다.

11 상속세 과세 흐름을 알고 싶습니다

상속세 계산 흐름이 중요한 이유

며칠 전 상을 당한 영희(40세)는 돌아가신 아버지 재산이 집 1채와 예금이 100만 원인데 집값이 최근 많이 올라 9억 원이라는 소리를 듣고 '9억 원이면 세율이 30%인데…. 세금만 2억 7,000만 원?'이라는 생각으로 고민에 빠졌다고 합니다.

과연 영희가 생각한 대로 상속세가 나올까요? 상속세 계산 흐름을 정확하게 모르면 이런 오해를 할 수 있습니다. 상속세가 어떻게 산출하는지 한번 보도록 하겠습니다.

상속세 계산 흐름

상속세는 다음과 같은 계산식에 따라 산정합니다.

	총상속재산
−	비과세재산가액
−	과세가액불산입
−	공과금 및 장례비용, 채무
+	사전증여재산가액
=	상속세 과세가액
−	상속공제(인적공제, 물적공제)
−	감정평가수수료
=	상속세 과세표준
×	세율(10%~50%)
=	상속세 산출세액
=	상속세 산출세액
+	세대할증세액
−	세액공제
+	가산세 등
=	납부세액

상속세의 세율은 과세표준에 따라 10%~50%로 구성되어 있습니다.

상속세를 전혀 모르는 경우 앞의 사례인 영희처럼 상속으로 받은 재산에 세율을 바로 곱해서 세금을 계산해 '왜 이렇게 세금이 많이 나오냐'라고 생각할 수 있습니다. 하지만 상속세는 상속재산에 바로 세율을 적용해 계산하는 것은 아닙니다.

상속재산 중에서 과세되는 것과 과세되지 않은 것을 먼저 구분합니다. 과세되는 재산에서 빚 등을 차감한 뒤에 상속개시일을 기준으로 상속인에게 10년 이내 증여한 것과 상속인이 아닌 자에게 5년 이내 증여한 것이 있으면 합산합니다.

합산한 금액에서 상속세를 깎아주는 상속공제제도를 꼼꼼하게 확인해 차감한 금액에서 감정평가수수료가 있으면 이 금액을 차감한 금액에서 세율을 적용해 세금을 계산합니다.

예를 들어, 상속재산 100억 원을 받았는데 빚이 50억 원인 상황에서 상속공제로 총 40억 원을 받을 수 있다고 해보겠습니다.

그러면 상속세 과세표준은 100억 원에서 빚 50억 원을 차감한 후 상속공제 40억 원을 차감한 금액인 10억 원에서 세율을 적용하면 됩니다. 만약 상속재산을 집계하는 과정에서 감정평가사에게 지급한 수수료가 있다면 차감한 후 세율을 적용하면 됩니다.

상속세 세율은 다음과 같습니다.

과세표준	1억 원 이하	5억 원 이하	10억 원 이하	30억 원 이하	30억 원 초과
세율	10%	20%	30%	40%	50%
누진공제	없음	1,000만 원	6,000만 원	1억 6,000만 원	4억 6,000만 원

이 사례에서 상속세 세율을 적용하면, 과세표준이 10억 원이므로 10억에 해당하는 세율이 30%이기 때문에 이렇게 계산합니다.

10억 원 × 30% - 6,000만 원 = 2억 4,000만 원

참고로 상속공제는 납세자가 직접 신청해야 반영되는 것이기 때문에 이 책에서 기술한 상속공제는 꼭 알아두셔야 합니다.

상속세 납세의무자

상속세를 꼭 신고해야 하는 이유는 '납세협력 의무차원'에서라고 앞에서 살펴봤습니다.

그러면 상속세는 누가 신고하고, 내야 할까요? 상속세를 신고해야 하는 사람을 납세의무자라고 합니다. 상속세의 납세의무자는 **상속으로 인해 재산을 취득한 사람**입니다.

즉, 앞에서 살펴봤던 상속순위에 따라 상속인 지위에 있는 사람이 돌아가신 분의 재산을 받는 경우를 말합니다. 대습상속인도 상속인의 지위에 있으므로 상속세 납세의무자가 됩니다. 물론 유증(사인증여 포함)

에 따라 상속재산을 받은 사람(수유자를 말함)도 당연히 납세의무자가 됩니다.

영리법인을 이용한 상속세 절세 방법

납세의무자는 상속으로 재산을 취득한 상속인이라고 했습니다. 그러면 흔하지 않지만, 돌아가신 분의 재산에 대해 유증 등의 이유로 영리법인이 상속재산을 받을 때 어떻게 될까요? 영리법인도 납세의무자가 될까요? 그렇지 않습니다.

영리법인의 경우는 상속재산을 받아도 상속세 납세의무자가 되지 않습니다. 세금을 아예 내지 않는다는 것은 아닙니다. 법인세로 과세하기 때문에 이중과세 문제로 인해 상속세를 매기지 않는다는 것입니다.

그래서 영리법인을 미리 사전에 유증 등을 하면 상속세 절세효과를 얻기도 합니다. 법인세 세율이 **9~24%**의 구간이기에 상속세 세율 10~50%보다 낮아 상당한 절세효과를 거둘 수 있는 것입니다.

다만 영리법인의 주주가 상속인과 그 직계비속이면 상속세 납세의무가 있어 주의해야 합니다.

따라서 직계비속이 아닌 사위나 며느리가 주주로 있는 법인에 유증 등을 해 상속재산을 분할하면 상당한 절세효과를 얻을 수 있습니다.

납세의무 범위

상속인이 1명이 아닌 다수인 경우 상속세 납세의무자는 다수가 되는데 상속세 납세 범위에 대해 궁금할 수 있습니다.

상속세 납세의무 범위는 상속인 또는 수유자가 각자가 받았거나 받을 재산을 기준으로 상속세를 납부할 의무가 부여됩니다. 이것을 산식으로 표현하면 다음과 같습니다.

상속인 또는 수유자가 부담하는 상속세 계산 방법

상속인별 상속세 비율 = 각자 받은 만큼.

$$상속세\ 과세표준 \times \frac{상속인별\ 과세가액}{총과세가액}$$

상속을 포기한 사람과 한정승인을 한 사람이 사망보험금을 받았다면 받은 보험금 내 상속세 연대해 낼 의무가 있습니다.

12 상속재산인데 세금 계산에 들어가지 않는 것이 있나요?

'선산'은 세금이 안 나온 이유

상속재산이라고 해서 모두 상속재산에 과세하는 것은 아닙니다. 상속재산 중에서도 세금이 나오지 않은 경우들이 있습니다. 대표적인 것이 '선산'입니다.

선산을 돌아가신 분으로부터 물려받으면 일정 요건 충족할 경우 상속재산에서 제외합니다. 왜 그럴까요? 이것에 대해 한번 살펴보도록 하겠습니다.

비과세와 과세가액불산입이란?

상속으로 받은 재산인데도 세금이 부과하지 않은 경우가 있습니다. 세법에서 이것을 '비과세'와 '과세가액불산입'이라는 용어를 쓰고 있습니다.

비과세의 경우 본래 과세대상이나 세금을 부과하지 않는다는 것을 의미하고 과세가액불산입은 조건이 있는 상태에서 과세가액으로 보지 않는다는 의미입니다.

비과세와 과세가액불산입의 차이를 살펴보겠습니다. 비과세로 규정한 것은 향후 요건이 달라져도 세금을 계산하는 시점에 해당 요건에 충족되면 무조건 세금을 내지 않는 것입니다. 과세가액불산입은 세금 계산 시점에는 요건 충족했으나 향후 요건이 충족되지 않으면 세금을 추징(이것을 사후관리라 함)한다는 점에서 차이가 있습니다.

비과세되는 상속재산

상속세에서의 비과세는 상속세로 부과하기 적당하지 않은 재산이거나 공익목적 등을 달성하기 위해 과세하지 않은 항목에 관해 규정한 것을 말합니다.

상속세 비과세 규정은 다음과 같습니다.

❶ 전사자 등에 대한 상속세 비과세

❷ 국가 등에 유증·사인증여한 재산

❸ 분묘(선조 묘소)에 속한 9,900㎡ 이내 금양임야와 그 분묘에 속한 1,980㎡ 이내의 묘토인 농지로 그 합계액이 2억 원 이내

❹ 정당에 유증한 재산

❺ 사내근로복지기금 등 유사한 단체에 유증 등을 한 재산

❻ 사회통념상 인정되는 이재구호금품, 치료비 등을 위해 유증 등을 한 재산

❼ 상속재산 중 상속인이 상속세 신고기한 내 국가 등에 증여한 재산이 있습니다.

여기에 해당하는 품목은 상속세 계산에 들어가지 않습니다. 이중 일반적으로 많이 접해보는 것은 ❸번째 항목인 '금양임야와 묘토'와 관련된 내용일 것입니다. 그래서 이 부분을 좀 더 살펴보도록 하겠습니다.

비과세되는 금양임야와 묘토

우선 '금양임야'라는 용어부터 보겠습니다.

금양임야란 그 안에 선조의 분묘를 설치해 이를 수호하기 위해 벌목을 금지하고 나무를 기르는 임야를 말합니다. 이를 선산이라고도 합니다. 조상들의 산소를 모아놓고 제사를 지내는 장소라고 보시면 됩니다. 이 산을 상속받으면 비과세를 받을 수 있습니다. 그러나 선산이라고 하더라도 상속 당시에 실제 선조의 묘가 없다면 비과세를 받을 수 없다는 것[10]은 당연하겠습니다.

그러면 상속 당시 선산에 조상의 묘가 없었으나 상속 이후에 묘를 만든 것은 어떻게 될까요? 이때도 상속 당시 금양임야가 아니므로 비과세를 받을 수 없습니다.

묘토는 제사에 관계되는 비용을 처리하기 위한 토지를 말합니다. 묘토는 제사를 주재하는 자에게 상속되는 토지면 되고 직접 농사를 짓지 않아야 합니다.[11]

---

10) 대법원 2006스140, 2008. 10. 27
11) 대법원 39다24568, 1993. 9. 24

금양임야와 마찬가지로 상속개시 당시 묘토로 사용하지 않은 농지를 상속개시 후 묘토로 사용하는 것은 비과세 혜택을 받을 수 없습니다.

그리고 선조 분묘에 $9,900\,m^2$ 금양임야와 그 분묘에 속한 $1,980\,m^2$ 이내의 묘토인 농지의 합계액이 2억 원을 초과하지 않은 범위 내에서 비과세 혜택을 받을 수 있습니다.

참고로 상속인이 금양임야와 묘토임을 직접 증명해야 비과세를 받을 수 있습니다.[12]

과세가액불산입

상속세 과세가액불산입은 상속세 과세대상이지만 사회정책적 목적을 달성하기 위해 일정 요건 충족할 경우 상속세 과세가액으로 산입하지 않은 것을 말합니다.

비과세와의 차이로는 상속세 비과세 대상은 원칙적으로 납세의무를 배제하지만, 상속세 과세가액불산입은 상속세로 과세하지 않되 사후관리 통해 과세권자가 과세권 행사가 가능합니다.

---

12) 서울고등법원 2014누47582, 2014. 6. 10

따라서, 상속세 과세가액불산입은 사후관리에 유의해야 합니다.

상속세 과세가액불산입 규정은 다음과 같습니다.

❶ 공익법인 등의 출연재산에 대한 과세가액불산입
❷ 공익신탁재산에 대한 상속세 과세가액불산입
  - 공익신탁요건으로는
    ① 공익신탁의 수익자가 공익법인이거나 그 공익법인의 수혜자
       일 것
    ② 공익신탁의 중도해지 또는 종료 시 잔여 신탁재산이 국가 등
       에 귀속될 것

여기에 해당하는 재산이 있다면 상속세 과세가액에 산입되지 않습
니다.

13 [총상속재산] 상속세에 과세하는 재산에 대해 알고 싶어요

상속세 과세가액 산출 흐름

상속세 계산 흐름에서 살펴봤듯이 상속세는 총상속재산에서 비과세와 과세가액불산입 등을 차감합니다.

	총상속재산
−	비과세재산가액
−	과세가액불산입
−	공과금 및 장례비용, 채무
+	사전증여재산가액
=	상속세 과세가액

이 중 상속세 계산에 있어 가장 중요한 총상속재산에 대해 살펴보도록 하겠습니다.

총상속재산

상속세로 과세하는 대상은 돌아가신 분에게 귀속되는 재산으로 금전으로 현금화할 수 있는 경제적 가치가 있는 물건과 법률상 또는 사실상 권리를 말합니다. 상속세법에서는 이것을 구체적으로 총 3가지로 구분하고 있습니다. 본래의 상속재산과 간주상속재산, 추정상속재산입니다. 총상속재산은 이 3가지의 합계액을 말합니다.

총상속재산		
	본래의 상속재산	상속·유증·사인증여를 원인으로 승계되는 상속개시 당시 피상속인의 현존재산
	간주 상속재산	보험금, 신탁재산, 퇴직금 등
	추정 상속재산	상속개시 전 사용처 불분명한 금액 상속개시 전 부담채무 중 사용처 불분명한 금액

본래의 상속재산

본래의 상속재산은 상속개시 당시 피상속인에게 귀속되는 재산으로 금전으로 바꿀 수 있는 경제적 가치가 있는 물건 혹은 재산적 가치가 있는 법률상 또는 사실상의 모든 권리로서 상속이나 유증, 사인증여 원인으로 승계하는 피상속인의 현존하는 재산을 말합니다. 다만 피상속인의 사망으로 인해 소멸하는 것은 본래의 상속재산에서 제외됩니다. 또한, 상속인 등에게 승계하지 않은 재산도 제외가 됩니다. 따라서 피상속인에게 귀속되는 채권 중 전부 또는 일부가 상속개시일 현재 회수 불가능하다면 상속재산가액에서 제외해야 합니다.[13]

본래의 상속재산에 대해 좀 더 구체적으로 살펴보겠습니다.

상속재산으로 보는 권리와 그렇지 않은 경우

본래의 상속재산으로 보는 '경제적 가치가 있는 권리'에는 물권, 채권, 영업권 및 무체재산권, 신탁수익권 등이 있습니다. 그러나 질권이나 저당권 또는 지역권[14]도 권리 관점에서 상속재산으로 오해할 수 있

---

13) 재산세과 2663, 2008. 9. 4
14) 용어 정의

으나 이러한 것은 담보물건의 하나의 행태이기에 상속재산에 포함되지 않습니다.

상속재산으로 보는 배당금과 그렇지 않은 경우

상속개시일 현재 돌아가신 분에게 귀속되는 배당금과 무상주를 받을 권리가 있다면 상속재산으로 보게 됩니다. 그러나 돌아가신 분이 배당 기준일 현재 생존했지만, 주주총회 전 사망한 경우로서 상속개시 후에 잉여금 처분이 확정된 배당금은 상속재산에 포함되지 않습니다.[15] 이는 상속개시 당시 돌아가신 분에게 현존하는 재산이 아니기 때문입니다.

부동산 양도(매각)계약 체결 후 사망한 경우

상속개시 전 피상속인이 부동산 양도계약을 체결하고 잔금을 아직 받기 전에 사망한 경우에는 상속인이 잔금을 받고 소유권을 이전할 때

- 질권 : 채무가 별제될 때까지 목적물을 유치하고 변제가 없는 때에 그 목적물에 따라 우선변제를 받는 담보물건을 말함.
- 저당권 : 목적물의 인도를 받지 않고 그 위에 우선변제권을 확보하는 약정 담보물건을 말함.
- 지역권 : 타인의 토지를 자기 편익에 이용하는 물권

15) 서면 4팀 701, 2014. 5. 19

는 그 부동산 자체가 상속재산이 되며 매매대금 전체에서 피상속인에게 지급된 금액을 공제한 나머지 금액으로 평가[16]합니다. 이때 발생한 양도소득세는 상속인이 부담(양도소득세 계산할 때 부동산 매각 금액 전체금액으로 계산함에 유의)합니다.

부동산과 마찬가지로 주식도 상속개시 전 돌아가신 분이 상장주식을 매도계약을 체결하고 잔금을 영수하기 전에 사망한 경우에는 매도대금에서 상속개시 전에 영수한 계약금과 중도금을 차감한 잔액을 해당 상속재산의 가액으로 합니다.

부동산 양수 계약 체결한 후 잔금 전 사망한 경우

상속개시 전 돌아가신 분이 부동산 양수 계약(부동산 사는 것)을 체결하고 잔금을 지급하기 전에 사망할 때 이미 지급한 계약금과 중도금을 상속재산에 포함[17]합니다.

---

16) 대법원 2001두5040, 2002. 2. 26
17) 상증세법 통칙 2-0-3

사고에 의해 받은 합의금도 상속세 과세대상인지

교통사고 등의 원인에 따라 유족이 수령한 **형사합의금이나 배상금**에 대해 본래의 상속재산으로 봐야 하는지 궁금할 수 있습니다. 이때는 교통사고를 당해 사망한 피상속인의 유족이 가해자 측과 합의해 유족위로금 명목으로 받게 될 형사합의금이므로 상속개시일 현재 돌아가신 분에게 귀속되는 재산으로 볼 수 없어 상속세 과세대상이 되지 않습니다.[18]

유족보상금과 유족위로금, 유족연금도 상속세 과세대상?

최근에는 줄어들었다고 하지만, 그래도 가끔 뉴스를 통해 위험한 업무를 하다가 근로자가 사망하는 사고를 보게 됩니다. 그런 뉴스를 보면 유족들의 상심이 크다는 것은 말하지 않아도 알 것 같습니다. 이런 사고가 국가에서 일어나지 않도록 국가가 나서서 제도적으로 마련하겠지만, 아무래도 그런 위험한 일을 당하지 않도록 회사가 먼저 주의하는 것이 더 중요할 것 같습니다.

---

18) 서면 2018 법령해석재산 2398, 2020. 3. 13

이런 사고는 업무상 발생하는 사고로 유족들은 근로기준법에 따라 회사 대표로부터 유족보상금을 수령하게 됩니다. 이때 수령하는 유족보상금은 상속세로 과세하지 않습니다. 다만 업무 외 사고로 근로자가 사망했을 때 회사로부터 위로금 성격으로 수령하는 유족위로금은 상속세 과세대상으로 보고 있습니다.

그리고 국민연금법에 따라 지급되는 유족연금 또는 사망으로 인해 지급되는 반환일시금도 상속세로 과세하지 않고 있습니다.

14 상속세가 과세되는 보험금에 대해 알고 싶습니다

간주상속재산

생전에 계신 분이 돌아가실 때 외부로부터 상속인이 받는 것이 크게 2가지가 있는데 바로 **보험금과 퇴직금**입니다. 보험금은 고인이 살아계실 때 생명보험이나 손해보험에 가입해 사망보험금 등을 받는 것을 말하고, 퇴직금은 사망을 원인으로 자연 퇴사함에 따라 회사로부터 받는 것을 말합니다.

이 금액은 상속개시 당시 돌아가신 분의 현존하는 재산이 아니라서 본래의 상속재산 분류에는 들어가지 않습니다. 그러나 상속재산과 같은 경제적 효과(상속인에게 재산(돈)이 가기 때문)를 지니기에 상속세 과세대상으로 지정한 것입니다. 이것을 상속재산으로 간주한다는 의미로 '간주상속재산'이라고 합니다.

'간주상속재산'에는 보험금과 퇴직금 이 외 신탁금(신탁계약에 의해 취득하는 신탁재산)도 포함됩니다. 이 중에서 많은 사람에게 해당하는 보험금에 관해 자세히 살펴보겠습니다.

상속세 과세대상으로 보는 보험금

상속재산으로 보는 보험금은 보험계약자가 돌아가신 분(피상속인)일 경우 혹은 계약자가 돌아가신 분인 것과 상관없으나 보험료 납부를 돌아가신 분이 한 경우 피상속인의 사망으로 받는 생명보험 또는 손해보험은 모두 과세 됩니다.

여기에서 용어를 정리하겠습니다. **보험계약자**는 보험을 계약한 자로 보험료를 낼 의무가 있는 사람을 말하고, **피보험자**는 보험 사고 발생의 객체가 되는 사람으로 보험금 지급 사유 발생의 대상이 되는 사람을 말합니다. **보험수익자**는 보험금을 받게 되는 사람을 말합니다.

보험계약자와 피보험자, 보험수익자에 따라 발생하는 세금이 각각 다릅니다.

우선 세금이 부과되지 않은 경우는 보험계약자(보험료도 납부)와 보험
수익자가 같다면 세금은 부과되지 않습니다. 그렇기에 부모님이 살아
계실 때 피보험자를 부모님으로 하는 보험을 자녀가 가입해드리고 보
험료를 납부했다면 부모님이 돌아가실 때 수령하는 사망보험금(또는 생
명보험금)은 상속세로 과세가 되지 않은 것입니다. 따라서 **상속세 재원을
생각해야 하는 상속인이 있다면 미리 이 방법을 고민하는 것도 나쁘지
않습니다.**

그 외의 보험금 수령은 상속세 또는 증여세가 부과되는데 사례별로
한번 보겠습니다.

사례별 보험금 과세 여부

사례 1 아버지가 H해상에 보험을 계약하고 본인의 상해(사망 포함) 등
의 원인으로 보험금을 본인이 받는 경우로 아버지가 사망했을 때

- 보험계약자 : 아버지
- 피보험자 : 아버지
- 보험수익자 : 아버지(채권)
- 상속세 과세 여부 : 상속세 과세

사례 2 아버지가 H해상에 가입하고 본인의 상해(사망 포함) 등의 원인으로 딸이 보험금을 받는 경우로 아버지가 사망했을 때

- 보험계약자 : 아버지
- 피보험자 : 아버지
- 보험수익자 : 딸
- 상속세 과세 여부 : 간주상속재산으로 보고 상속세 과세

사례 3 딸이 보험에 가입해, 보험료는 어머니가 납부하고 어머니의 상해(사망 포함) 등의 원인으로 딸이 보험금을 받는 경우로 어머니가 사망했을 때

- 보험계약자 : 딸 / 어머니 납부
- 피보험자 : 어머니
- 보험수익자 : 딸
- 상속세 과세 여부 : 간주상속재산으로 보고 상속세 과세

사례 4 아버지가 보험에 가입하고(납부 아버지), 배우자의 상해(사망 포함) 등의 원인으로 보험금을 아들이 받는 경우로 어머니가 사망했을 때

- 보험계약자 : 아버지 / 납부 아버지

- 피보험자 : 어머니

- 보험수익자 : 아들

- 상속세 과세 여부 : 상속세 과세 안 함. **증여세로 과세**

사례 5 아들이 보험에 가입하고(납부 아들), 어머니의 상해(사망 포함) 등의 원인으로 보험금을 아들이 받는 경우로 어머니가 사망했을 때

- 보험계약자 : 아들 / 납부 아들

- 피보험자 : 어머니

- 보험수익자 : 아들

- 상속세 과세 여부 : 상속세, 증여세 과세 안 함.

사례에서 보듯 보험금은 보험료를 납부한 사람과 보험금을 수령한 사람이 다르면 과세가 된다는 것을 알 수 있습니다. 그리고 보험료를 납부한 사람(A)과 보험금 수령한 사람(B)이 모두 생존해 있다면 증여세로 과세하고 보험료를 납부한 사람은 돌아가시고 보험금 수령한 사람이 살아있다면 상속세로 과세하게 됩니다.

즉시연금보험과 상속·증여세 관계에 대해 알고 싶어요

즉시연금보험이란?

한때 자산가들 사이에 '즉시연금보험'이 유행한 적이 있습니다. 물론 지금도 그렇고요. 해당 상품이 인기가 있었던 이유는 절세효과가 크기 때문입니다. 즉시연금보험을 처음 듣는 분이 있을 것 같아 먼저 이 상품을 소개하겠습니다.

즉시연금보험이란 보험료를 한 번에 내고 가입한 날의 다음 달부터 매달 연금으로 받는 상품으로 퇴직금과 같은 목돈을 활용해 노후 준비하는데 효과적인 보험 상품입니다.

즉시연금보험은 지급 방식에 따라 확정형 즉시연금보험, 종신형 즉시연금보험, 상속형 즉시연금보험이 있습니다.

확정형 즉시연금보험은 확정된 기간 동안 이자를 수령하고 만기에 원금을 돌려받는 형태입니다. 종신형 즉시연금보험은 사망 시까지 원금과 이자를 연금형태로 받는 것을 말합니다.

만약 해당 상품에 가입한 후 일찍 돌아가셨다면 법정상속인이 연금형태로 받을 수 있습니다. 상속형 즉시연금보험은 원금은 그대로 있고 이자만 받는 형태를 말합니다. 이 상품은 정해진 기간이 지나면 원금을 돌려주는 상속확정형과 사망일까지 계속 이자를 받고 원금을 법정 상속인에게 상속되는 상속종신형으로 구분됩니다.

즉시연금보험이 인기 있었던 이유는 절세 상품이었기 때문입니다. 그러나 앞서 열거한 즉시연금보험 상품이 모두 세금 혜택을 받는 것은 아닙니다. 일정 요건이 충족되는 때에만 총 2억 원을 한도로 세금을 부과하지 않고 있습니다.

세제 혜택을 받기 위한 요건은 첫째로는 즉시연금보험 상품을 10년 이상 유지해야 하고 둘째로는 확정형(원금과 이자를 정해진 기간만 수령하는 것을 말함)이 아니어야 합니다. 즉, 종신형 또는 상속형의 즉시연금보험상품에 가입해 10년 이상 유지해야 한다는 의미입니다. 그러면 총 2억 원까지 이자소득세가 면제됩니다.

즉시연금보험은 가입할 때 돈을 낸 본인만 매달 연금을 수령하는 것은 아닙니다. 다른 보험과 마찬가지로 즉시연금보험도 돈을 낸 사람과 연금을 받는 사람을 달리해 정할 수 있습니다.

이때도 여타 다른 보험처럼 보험계약자(보험료 납입할 의무가 있는 사람)와 보험수익자(보험금 받는 사람)를 달리 지정할 수 있습니다. 이때도 앞에서 이야기한 것과 같이 보험료를 낸 사람과 보험금을 받는 사람이 다르면 증여세 또는 상속세가 발생하게 됩니다. 즉시연금보험도 보험료(목돈을 일시에 내는 것)를 낸 사람과 보험금(즉시연금보험에서는 연금이 되겠네요)을 수령한 사람을 달리 정하면 증여세 또는 상속세가 부과합니다. 물론 보험료를 납부한 사람이 살아 계시면 증여세가 부과되고 돌아가셨다면 상속세가 부과됩니다.

그런데 즉시연금보험은 생명보험금이나 사망보험금처럼 일시에 받는 것이 아닌 매달 연금형식으로 받는 것이기 때문에 해당 금액을 어떻게 평가해서 세금을 매기는지 궁금할 수 있습니다.

즉시연금보험은 상속세로 계산하는 것과 증여세로 계산하는 것에 있어 차이가 있습니다.

상속세로 계산할 때는 약관에 따라 받는 해지환급금이 상속재산으로 계산하게 됩니다. 다만 가입 후 청약철회 기간 내 상속이 개시되었다면 납입한 보험료(처음에 낸 목돈)가 상속세로 과세[19]됩니다.

하지만 증여의 경우는 달리 계산합니다. 즉시연금보험이 증여로 과세될 때는 보험계약자가 가입 시점에 낸 목돈을 증여세로 부과합니다.

흔하지 않지만, 간혹 즉시연금보험 상품을 판매할 때 연금 가치에 대한 현재가치(정기금 수급권 평가)를 평가해 증여세로 과세해야 한다는 주장도 있었습니다. 그러나 2014년 조세심판원의 판례[20]와 2016년 대법원 판례[21] 등을 보면 계약일 현재 납입한 금액으로 증여세를 계산하는 것이 타당하다는 결론이 있었습니다. 그래서 즉시연금보험을 자녀를 연금수령자(보험수익자)로 지정해 가입하면 처음 가입한 목돈 전부 증여세로 과세한다는 점을 참고하시면 되겠습니다.

---

19) 대법원 2015두49986, 2016. 9. 23

20) 조심 2013서4986, 2014. 5. 22

21) 대법원 2015두51613, 2016. 10. 13

16 돌아가신 분의 퇴직금은 모두 상속재산으로 과세하나요?

퇴직금

피상속인이 근로자인 상황에서 돌아가시게 되면 사망으로 인한 근로관계 종료임에 따라 퇴직금을 수령하게 됩니다. 이때 수령하는 퇴직금은 상속재산에 포함됩니다. 여기에는 퇴직공로금이나 퇴직연금 등 모두 포함합니다. 그러나 퇴직금 모두를 과세하는 것은 아닙니다. 상속세로 과세되지 않은 퇴직금도 있습니다. 여기에 대해 살펴보도록 하겠습니다.

상속재산으로 보지 않는 퇴직금

피상속인이 퇴직으로 인해 받는 금액은 모두 퇴직금으로 과세하지만, 다음에 해당하는 경우는 과세에서 제외합니다.

❶ '국민연금법'에 따라 지급되는 유족연금 또는 사망으로 인해 지급 되는 반환일시금

❷ '공무원연금법' 또는 '사립학교교직원 연금법'에 따라 지급되는 유족연금, 유족연금부가금, 유족연금일시금, 유족일시금 또는 유족보상금

❸ '군인연금법'에 따라 지급되는 유족연금, 유족연금부가금, 유족연금일시금, 유족일시금 또는 재해보상금

❹ '산업재해보상보험법'에 따라 지급되는 유족보상연금, 유족보상일시금 또는 유족특별급여(2010. 1. 1 개정)

❺ 근로자의 업무상 사망으로 인해 '근로기준법' 등을 준용해 사업자가 당해 근로자의 유족에게 지급하는 유족보상금 또는 재해보상금 등

상속인이 피상속인에게 지급될 퇴직금을 포기한 경우

흔하지 않지만, 상속인이 고인이 받아야 하는 퇴직금을 포기할 수 있습니다. 이때 퇴직금은 상속재산으로 보지 않을까요? 그렇지 않습니다.

돌아가신 분에게 지급될 퇴직금을 상속인이 포기해도 상속재산으로 보고 상속세로 과세합니다. 이에 대한 논리는 상속인이 퇴직금을 포기하면 퇴직금을 지급할 회사는 지급의무가 없어짐에 따라 이득을 얻은 것이기 때문에 상속인이 퇴직금 지급의무자에게 증여한 것과 동일하게 상속재산으로 보는 것입니다. 그리고 퇴직금에 대한 원천세 상당액은 공과금으로 상속재산에서 차감합니다.

만약 회사가 퇴직금을 지급하지 않기로 결의했다면 어떻게 될까요? 물론 근로기준법에 적용받는 근로자의 경우는 무조건 지급해야 합니다. 회사가 퇴직금을 줘야 할지 말아야 할지는 선택할 수 없습니다.

그러나 대표이사 등 임원의 경우는 일반 근로자와 달리 근로기준법에 따른 퇴직금 규정을 따르지 않게 됩니다. 아무래도 임원은 재직 기간에 지급되는 보수가 퇴직금이 포함된 것으로 간주하기 때문입니다. 그래서 임원에게 퇴직금을 지급하려면 주주총회 결의나 정관에 임원 퇴직금 규정이 필요합니다. 정관에 지급 규정이 있다면 그 규정에 따라 회사는 지급할 의무가 있지만, 정관에 임원 퇴직금 규정이 없다면 주주총회 결의 외에는 퇴직금을 지급할 수 없습니다. 따라서 회사가 퇴직금을 지급하지 않기로 결의한다는 의미는 주주총회에서 임원에게 지급할 퇴직금을 지급하지 않기로 했다는 의미로 받아들이면 되겠습니다.

주주총회에서 퇴직금을 지급하지 않기로 결의했다면 상속인은 퇴직금을 청구할 권리가 없어서 해당 퇴직금을 상속재산으로 보지 않게 됩니다. 당연한 것이겠지요.

17 상속재산의 복병! 추정상속재산은 무엇인가요?

상속재산의 복병!

추정상속재산은 사전증여와 더불어 가장 주의 깊게 살펴봐야 하는 항목입니다. 이유는 상속인이 가장 착각하기 쉬운 항목임에 따라 상속세의 세무조사를 진행할 때, 의도치 않게 발견해 거액의 가산세를 낼 가능성이 있기 때문입니다.

상속세에 대해 아예 모른 사람은 '이게 왜 세금 계산에 들어가지?' 하며 의아할 수 있지만, 과세당국 관점에서 보면 탈루한 소득을 포착해 세금을 추징한다고 생각하면 이해가 됩니다. 그래도 추정상속재산은 상속세 개정할 때 시대의 흐름에 맞춰 납세자의 재산권이 부당하게 침해되지 않도록 약간 수정되지 않을까 생각이 됩니다.

그러면 추정상속재산에 대해 살펴보겠습니다.

추정상속재산

추정상속재산은 피상속인이 상속개시일 이전에 재산을 처분하거나 채무를 부담한 경우로 해당 금액이 2억 원(5억 원) 이상일 때 용도가 명확하지 않은 금액이 있다면 해당 금액을 상속재산으로 보는 것을 말합니다.

추정상속재산을 상속세로 과세하는 취지는 상속개시 전 예금이나 채무를 부담하고 과세자료 노출이 쉽지 않은 현금 등의 재산으로 전환해 신고 재산을 누락하는 방법으로 사용해 상속세를 회피할 가능성이 크다고 판단해 출처를 확인되지 않은 금액은 상속재산으로 추정해 과세하는 것입니다.

쉽게 설명하면, 고인이 사망 전 예금 잔액이 10억 원인데 상속세가 많이 나올 것을 걱정해 3억 원을 현금으로 출금해 숨겼다고(가끔 뉴스에

봤던 땅에 묻어둔다는 등) 생각해봅시다. 이러면 상속인이 상속재산을 계산할 때 현금 자산은 숨겨서 과세당국은 모를 것 같고, 예금 잔액만 눈에 보이는 금액이니 7억 원만 상속세 신고에 반영해 세금을 적게 신고할 것입니다. 이때 과세당국은 사망 1년 전 현금으로 인출한 3억 원에 행방이 묘연하니, 어디에 사용했는지 정확하게 소명하라고 안내할 수 있습니다. 이때 소명하지 않으면 조세회피로 보고 출처 불분명한 금액 3억 원을 상속재산으로 추정해 세금으로 부과하겠다는 의미입니다. 그래서 추정상속재산은 과세당국 입장에서 보면 과세논리가 이해가 됩니다.

그렇기에 상속인이 상속세 신고할 때 추정상속재산으로 보지 않기 위해서는 돌아가신 분의 1~2년 행적을 좇아 행방불분명한 금액의 사용처를 최대한 소명하는 것이 관건입니다.

그러면 추정상속재산은 과세당국이 모든 금액에 대해 사용처 불분명한 금액을 추징할까요? 그렇지 않습니다. 이러면 납세자의 재산권이 과도하게 침해됩니다. 그래서 그 제한을 두고 있습니다(제 개인적 견해는 조금 더 수정해야 되지 않을까 합니다).

그 제한은 바로, 사망 1년 전과 2년 전 일정 금액 이상인 때에만 추정상속재산으로 보고 있습니다.

그 요건은 다음과 같습니다.

❶ 상속개시일 1년 이내 재산종류별로 처분하거나 인출한금액이 2
억 원 이상
❷ 상속개시일 2년 이내 재산종류별로 처분하거나 인출한 금액이 5
억 원 이상

재산종류별 또는 채무 등으로 용도가 불분명할 때입니다. 따라서 상속
전 1~2년은 재산처분할 때 꼭 주의를 기울여야 합니다.

여기서 말한 재산종류별은 3가지를 의미합니다.

❶ 현금 및 예금, 유가증권
❷ 부동산 및 부동산에 관한 권리
❸ 그 이 외의 재산

용도가 불분명한 것은 거래상대방이 거래증빙 불비 등으로 확인되지
않은 경우, 거래상대방이 금전 등의 수수사실을 부인하거나 거래상대
방의 재산상태 등으로 보고 금전 등의 수수사실이 인정되지 않은 경우,
거래상대방이 피상속인과 특수관계에 있는 자로서 사회통념으로 볼 때
지출 사실이 인정되지 않는 경우가 있습니다.

또한, 피상속인의 재산을 처분하거나 채무를 부담하고 받은 금전 등으로 취득한 다른 재산이 확인되지 않으면 피상속인의 연령·직업·경력·소득 및 재산상태 등으로 보고 지출 사실이 확인되지 않은 경우 용도가 불분명하다고 보게 됩니다.

여기에 해당하는 재산이 있을 때 모두 상속재산으로 보지 않고 용도불분명한 금액으로 기준금액 이상만 상속세로 과세하는 재산으로 봅니다. 이것을 산식으로 표현하면 다음과 같습니다.

추정상속재산가액 계산방법

상속세 과세가액 = ⓐ용도불분명 금액 – ⓑ기준금액

ⓐ 용도불분명금액 : 처분금액(인출금액 또는 채무부담금액) – 용도 입증된 금액
ⓑ 기준금액 : Min(처분재산금액 또는 부담채무액 등의 20%, 2억 원)

사례를 보면 위 식을 조금 쉽게 이해할 수 있을 것 같습니다. 사례를 한번 보도록 하겠습니다.

사례

이우송 씨가 2023년 7월 1일에 사망해 상속이 개시되었고, 이우송 씨는 상속개시 1년 이내에 본인 명의 예금 1억 원을 인출한 내역이 있으며, 보유한 건물을 5억 원에 처분했습니다. 만약 이우송 씨의 상속세 세무조사 진행할 때 과세당국은 얼마의 추정상속재산으로 보는 금액은 얼마일까요?

이 사례에서 과세당국이 소명 요청하려면 고인이 상속개시 전 1년 이내 인출 또는 건물 처분금액이 추정상속재산 요건에 충족되는지를 먼저 확인해야 합니다. 우선 재산종류별로 구분해 살펴봐야 합니다.

이우송 씨는 예금 인출한 금액 1억 원과 건물 처분한 금액이 5억 원이 있습니다. 예금 등의 재산은 1억 원이기에 2억 원 미만으로 사용처 소명 대상 해당되지 않습니다. 그러나 건물 처분금액 5억 원은 2억 원 이상이므로 사용처를 소명해야 합니다.

만약 상속인이 고인의 행정을 좇아 건물 처분금액의 행방에 대한 출처를 소명하려 했으나 자료 부족으로 5,000만 원만 소명했다면 입증하지 못한 금액인 '용도불분명한' 금액은 4억 5,000만 원이 됩니다.

이때 추정상속재산으로 보는 금액은 4억 5,000만 원에서 5억 원의 20%인 1억 원과 2억 원 중 적은 금액인 1억 원을 차감해 총 3억 5,000만 원이 상속재산에 가산하는 추정상속재산이 됩니다.

추가로 우리가 이 산식(세법 규정)을 통해 알 수 있는 것은 **추정상속재산 요건에 충족되었다 하더라도 상속인이 소명한 금액이 80% 이상이면 상속세에 과세하는 추정상속재산은 없다는 것입니다.** 물론 상속개시일 1~2년 전에 2억 원 또는 5억 원 이상의 현금 등을 인출한 일이 없어야겠습니다.

18 상속재산에서 차감하는 항목은 어떤 것이 있나요?

　상속세를 계산할 때 상속재산에서 차감하는 항목들이 있습니다. 이런 부분이 있으면 꼭 잘 챙겨서 상속세를 산정해야 합니다. 그러지 않으면 과세당국에서 직접 산정하지 않아 안 내도 될 세금을 더 내게 되는 꼴이 됩니다. 따라서 앞으로 설명하는 상속재산에서 차감하는 항목을 꼼꼼히 확인하시길 바랍니다.

상속재산의 가액에서 빼는 항목

상속재산에서 차감하는 것은 총 3가지가 있습니다.

❶ 공과금

❷ 장례비용

❸ 채무액

공과금

공과금은 상속개시일 현재 돌아가신 분이 납부할 의무가 있는 세금이나 공공요금, 공과금 및 이와 유사한 것을 말합니다. 하지만 상속개시 이후 상속인의 귀책 사유로 발생한 가산세 및 과태료 등은 상속재산에서 차감하는 항목이 아닙니다.

그런데 여기서 잠깐 짚고 넘어가야 하는 부분이 있습니다. 바로 재산 관련 세금입니다. 대표적으로 재산세와 종합부동산세가 있습니다. 고인이 재산세 등 과세대상인 자산을 보유하게 되면 세금이 부과됩니다. 재산 관련 세금은 기준일인 6월 1일에 보유하는 사실로 과세합니다. 6월 1일 이전(5월 31일까지)에 상속이 개시되면 해당 연도에 발생하는 재산세 및 종부세는 상속재산에 차감이 되지 않지만, **6월 1일 이후 상속이 개시되면 재산세 및 종합부동산세가 7월, 9월, 12월에 고지가 되더라도 반드시 상속세에서 차감해서 신고해야** 합니다.

장례비용

장례비용은 피상속인의 사망일부터 장례일까지 장례에 직접 소요된 금액으로 일반장례비용과 봉안시설 등 소요비용을 합한 금액을 공제합니다.

> ① 일반장례비용 = 500만 원~1,000만 원
>   - 500만 원 미만 장례비용 = 500만 원
>   - 1,000만 원 초과 장례비용 = 1,000만 원
> ② 봉안시설 등 소요비용 : 봉안시설 또는 자연장지의 사용에 든 금액 = 최대 500만 원

장례비용에는 시신의 발굴 및 안치에 직접 소요되는 경비와 묘지구입비(공원묘지 사용료 포함), 비석, 상석 등 장례에 직접 소요된 제반 비용입니다. 또한, 상가의 일을 돕는 자 또는 조객에 대해 간소한 음식을 접대하는데 사용한 비용도 장례비용에 포함[22]합니다.

위와 같은 장례비용을 공제하는 취지는 장례비용이 상속개시 당시 존재하는 채무는 아니지만, 상속개시에 필연적으로 발생하는 비용이기

---

22) 재삼 01254-3438, 1991. 11. 5

에 상속세에서 공제하는 것[23]입니다.

채무액

상속인은 사망과 동시에 돌아가신 분의 재산뿐만 아니라 빚도 승계합니다. 따라서, 상속세를 계산할 때는 받은 재산만 세금을 계산하는 것이 아닌, 승계받은 부채(빚, 채무)를 고려해 계산하는 것이 타당합니다. 그렇기에 고인의 채무는 상속재산에서 차감하는 것입니다.

상속재산에서 공제하는 채무는 명칭 여하에 상관없이 돌아가신 분이 부담해야 할 확정된 부채로서 공과금 이 외의 모든 채무를 말합니다. 따라서, 채무 금액의 크기에 상관없이 부채라는 것을 입증만 하면 공제 대상이라고 봅니다. 다만 '증여채무'는 상속세 회피 우려가 있어 상속 개시일 기준으로 5년 또는 10년 이내의 것은 제외합니다.

증여채무란 증여자(재산을 준 사람)가 증여계약에 따라 약정한 재산권을 수증자(재산을 받은 사람)에게 이전할 채무를 말합니다. 증여채무의 수증자가 상속인일 때 10년 이내 발생한 것은 상속재산가액에서 차감하는 채무로 보지 않고 상속인이 아닌 자의 증여채무는 5년 이내 발생한

---

23) 대법원 97누669, 1977. 11. 14

것을 차감하는 채무로 보지 않습니다.

❶ 상속개시일 **현재 소비대차에 따른 피상속인의 채무에 대한 미지급 이자는 공제하는 채무에 해당**함. 다만 부당행위계산의 부인으로 계상한 인정이자 과세대상은 포함하지 아니함.

❷ 피상속인이 부담하고 있는 보증채무 중 주채무자가 변제불능의 상태로서 상속인이 주채무자에게 **구상권을 행사할 수 없다고 인정되는 부분**에 상당하는 금액은 채무로서 공제

❸ 피상속인이 **연대채무자인 경우** 상속재산에서 공제할 채무액은 **피상속인의 부담분에 상당하는 금액에 한정해 공제할 수 있음**. 다만 연대채무자가 변제 불능의 상태가 되어 피상속인이 변제불능자의 부담분까지 부담하게 된 경우 로서 당해 부담분에 대해 상속인이 구상권 행사에 의해 변제받을 수 없다고 인정되는 경우에는 채무로서 공제할 수 있음.

❹ 사실상 임대차계약이 체결된 토지·건물에 있어서 부채로 공제되는 임대보증 금의 귀속은 다음에 따름.

　a. 토지·건물의 **소유자가 같은 경우**에는 토지·건물 각각에 대한 임대보증금 은 전체 임대보증금을 토지·건물의 평가액 안분계산

　b. 토지·건물의 소유자가 다른 경우에는 실지 임대차계약내용에 따라 임대 보증금의 귀속을 판정하며 **건물의 소유자만이 임대차계약을 체결한 경우 에 있어서 그 임대보증금은 건물의 소유자에게 귀속**되는 것임.

참고로 채무액에 포함되는 것의 예시규정(기본통칙 14-0-3)을 보여드 립니다. 여기에 있는 것만 공제받는 것이 아닌 이 외에도 채무로 입증 하면 공제를 받을 수 있다는 점을 꼭 기억하시길 바랍니다.

19 부모님의 병원비와 간병비도 차감하나요?

부모님이 편찮으신 경우 자식 된 도리로서 병원비와 간병비를 부담할 때가 있습니다. 상속세를 계산할 때 상속재산에서 채무액은 차감한다고 하는데, 부모님이 부담해야 하는 병원비와 간병비를 자식 된 도리로서 이행할 때 해당 비용도 채무로서 인정받아 상속재산에 차감할까요? 이 부분에 대해 살펴보도록 하겠습니다.

병원비와 간병비, 상속재산에서 공제?

상속재산에서 돌아가신 분의 채무가 있으면 공제됩니다. 이는 고인

생전에 진 빚에 해당하므로 상속개시 이후에도 갚아야 할 의무가 있다면 상속인에게도 의무가 이전됩니다. 그래서 고인의 채무는 상속재산에서 차감하게 됩니다. 이행할 의무가 없는 채무라면 당연히 상속인에게도 의무가 이전이 되지 않아 상속재산에서도 차감되지 않습니다. 그런데 돌아가신 분을 대신해 낸 병원비와 간병비는 어떨까요?

아쉽게도 **부모님이 편찮으셔서 자식 된 도리로 지출한 병원비와 간병비는 부모님을 봉양하기 위해 자발적으로 지출한 것이기 때문에 공제되지 않습니다.** 오히려 부모님이 직접 병원비를 지출했다면 상속재산이 그만큼 줄어들어 상속세가 상대적으로 덜 나올 수 있습니다.

그래서 조금 이상하게 들릴 수 있지만, 부모님의 상속재산이 커서 세금 부담이 있다고 생각할 때는 부모님이 직접 본인 재산에서 병원비와 간병비를 지출하는 것이 상속세 측면에서 좋을 수 있습니다. 아무래도 상속재산이 줄어들어 세금이 적게 산출하게 되니까요.

하지만 세금 때문에 자식된 도리로서 부모님 봉양할 길을 저버린다면 너무 야박하지 않나 하는 생각이 듭니다. 개인적 견해는 상속인이 돌아가신 분의 병원비 등을 지출했다면 상속공제로 인정해주는 것이 타당하지 않을까 생각합니다.

병원비 등과 증여세

그러면 이와 반대로 생전에 계신 분이 편찮으셔서 거액의 병원비를 타인이 대납할 경우 증여세는 과연 부과할까요?

이것을 설명하기 전 증여를 먼저 알아야 합니다. 증여는 제삼자로부터 무상으로 부가 이전되는 것을 말합니다. 그러면 증여는 모두 증여세로 부과할까요?

그렇지 않습니다. 증여 거래라 하더라도 비과세로 규정한 내용 및 과세제외, 특수관계자가 아닌 자간의 거래에서 정상적인 거래로 보는 경우 등은 증여로 보지 않거나 증여로 보고도 과세하지 않고 있습니다. 그러면 병원비의 대납한 경우는 어떨까요?

예를 들어, 영희가 병원에 입원해 거액의 병원비를 내지 못할 때 철수가 영희를 대신해서 병원비 냈다고 보겠습니다. 그러면 영희가 내야할 병원비(채무)를 철수가 낸 것이므로 철수가 대신 낸 병원비를 증여로보고 증여세를 부과할 수 있느냐 하는 것입니다.

만약 영희가 철수에게 거액의 병원비를 갚을 의사가 있다면 당연히 증여로 보지 않습니다. 그러나 갚을 의사가 없거나 갚을 처치가 되지 않을 때는 어떨까요?

그 경우는 먼저 영희와 철수의 관계를 먼저 살펴봐야 합니다.

영희와 철수의 관계가 피부양자 간의 관계이면 해당 병원비는 '상속세 및 증여세법' 제46조에 따라 증여로 보지 않습니다.

그러나 피부양자 간의 관계가 아니거나 영희(증여받은 자=수증자)가 여러 정황상 충분히 거액의 병원비를 낼 수 있는 형편이 될 때는 증여로 보고 증여세를 부과하게 됩니다. 다만 피부양자 간의 관계가 아니더라도 영희가 경제적 상황을 고려할 때 거액의 병원비를 낼 가능성이 없을 때는 증여로 볼 가능성은 적을 것 같습니다.[24]

---

24) 조심 2018서4638, 2019. 4. 5

20 상속세 세무조사의 핵심, '사전증여'는 무엇인가요?

사전증여재산이 중요한 이유

'사전증여재산'은 '추정상속재산'과 더불어 세무조사의 가장 핵심입니다. 추정상속재산의 경우는 고인이 살아생전에 특이 행동(상속개시일 1~2년 전 부동산을 처분해 받은 금액의 행방 묘연에 했다거나 거액의 현금을 찾아 어디에 썼는지 모를 때)에 따른 상속세를 부과하는 것입니다.

사전증여재산은 누구나 한 번은 발생할 수 있는 상황이라는 점에서 상속세 신고를 하는 사람은 꼭 주의 깊게 고민하고 살펴보고 신고해야 합니다. 그렇지 않으면 상속세 세무조사할 때 드러나서 거액의 가산세가 부과될 수 있습니다.

사전증여재산이란?

사전증여재산은 증여를 통한 상속세를 회피를 방지하기 위해 상속인에게 상속개시일로부터 10년 이내 증여한 것이 있다거나 상속인이 아닌 자에게 상속개시일로부터 5년 이내 증여한 재산가액이 있으면 해당가액을 상속재산가액에 포함하는 것을 말합니다.

① 상속개시일 전 10년 이내 피상속인이 상속인에게 증여한 재산가액
② 상속개시일 전 5년 이내 피상속인이 상속인이 아닌 자에게 증여한 재산가액

상속인과 상속인이 아닌 자간의 사전증여재산 합산하는 기간이 다르기에 그 중간에 끼여 있는 상속포기자는 어떤 기준으로 해야 하는지 궁금할 수 있습니다. 즉, 상속 포기했던 상속인에게 돌아가신 분이 생전에 증여할 때 상속세 재산가액으로 가산하는 기간이 5년 이내의 증여인지 10년 이내 증여인지 여부입니다. 상식적으로 생각하면 5년일 것 같지만 아쉽게도 **상속을 포기한 사람도 상속인과 동일하게 10년 이내 돌아가신 분이 증여한 금액이면 합산[25]이 됩니다. 그래서 상속포기자가 있을 경우 사전증여재산합산 기간이 10년이므로 그 기간에 고인이 증여한 금액이 있는지 꼭 살펴봐야 합니다.**

---

25) 대법원 93누8092, 1993. 9. 2

또한, 증여세 신고하지 않은 사전증여가 있더라도 상속세 재산가액에 가산한다는 점은 유의해야 합니다. 이와 관련해 좀 더 살펴보겠습니다.

증여세 신고하지 않은 사전증여는?

돌아가신 분이 상속인(상속 기준 10년 이내) 또는 상속인이 아닌 자(상속 기준 5년 이내)에게 증여한 후 증여세를 신고하지 않은 때도 있습니다. 증여세 신고를 하지 않은 여러 가지 이유가 있지만, 자식들에게 돈 준 것이 당연하다고 생각해서 증여세 신고 대상인지 몰랐던 경우나 '국세청이 모르겠지' 하면서 신고를 하지 않은 경우가 대부분일 것입니다. 만약 기간이 지나도 과세당국에서 별다른 액션(?)이 없었다면 무사히(?) 잘 넘어가겠지만….

상속세 신고할 때 세무조사 등으로 사전증여가 발견하게 되면 상속재산에 가산되어 상속세를 납부해야 합니다.

이때는 증여세 신고도 함께 해야 합니다. 아무래도 상속세 기간에 하는 증여세 신고는 신고기한을 지나서 하는 것이므로 상당한 가산세(무신고 가산세 20%와 납부불성실 가산세)가 추가해 부담됩니다. 다만 증여세 산출세액은 상속세에 차감이 돼서 원래 납부하는 상속세에서 추가 부담하는 세금이 나오지는 않겠지만, 증여세 가산세는 추가로 부담해야 해서 아까울 수 있습니다.

그러나 사전증여로 지출한 것 중 증여세가 아닌 대상[26]도 있습니다. 증여로 보지 않은 대표적 항목을 보면 피부양 의무로써 지출한 생활비 등입니다. 해당 항목은 증여세 비과세 항목이므로 증여세 대상이 되지 않습니다. 그래서 사전증여한 금액이 여기에 해당한다면 당연히 상속세로 가산하지는 않습니다.

그러나 다 큰 성인이거나 또는 생활비가 아닌 다른 품목(가령, 주식이나 가상화폐를 자녀 명의로 했다거나 결혼할 때 아파트를 구입할 자금을 줬거나 창업자금이 아닌 사업 어려운 형편에 도움을 주려고 운영비를 줬거나 차량 구입할 돈을 줬거나 하는 등 기타 사유)이면 증여세 신고를 하지 않더라도 상속세 사전증여 재산가액으로 가산해야 합니다.

증여를 받은 자가 고인이 된 경우 사전증여재산가액은?

돌아가신 분이 생전에 계실 때 돌아가신 분으로부터 증여를 받았던

---

26) 뒷 페이지에 있는 '합산하지 않은 증여세' 목록 참고

사람(수증자)이 상속 기준으로 안 계실 수 있습니다.

이때는 해당 사전증여가액은 '상속세 과세가액'에 포함하지 않습니다.

예를 들어, 옆집 철수 아버지가 살아계실 때 앞집에 사는 영숙이 부모님에게 신세를 많이 져서 영숙이가 결혼할 때 결혼자금으로 쓰라고 2억 원을 줬습니다. 그러나 영숙이가 부득이한 사고로 소천했고, 그로부터 3년이 지난 후 철수 아버지가 돌아가셨습니다.

이 상황에서 철수 아버지의 상속재산은 영숙이에게 준 2억 원도 포함해 신고하는 것이어야 하나, 영숙이는 고인이므로 해당 사전증여가액은 상속재산에 포함하지 않는다는 의미입니다.

사전증여재산의 평가금액

상속세에 가산하는 증여재산(사전증여재산)은 증여 당시의 평가금액으로 합산합니다. 그래서 부동산 가격이 상승할 것이라는 기대심리가 클 때는 가능한 한 빨리 증여하는 것이 상속세를 줄이는 방법입니다.

상황을 들어 설명하면, 2015년에 옆집에 사는 철수네 아버지(60세)가 소유하고 있는 서울 서초구에 있는 빌라 10억 원을 자녀 철수(30세)에게 증여했다고 가정해봅시다.

2023년에 철수 아버지가 지병에 의해 사망했다면 상속인인 철수는 8년 전에 증여받은 서초구 빌라도 상속재산으로 가산해야 합니다. 이때 가산하는 금액은 현재 시세가 아닌 증여 당시의 가액인 10억 원이 됩니다.

만약 2023년 빌라의 시세가 40억 원이라면 2015년에 증여하지 않고 철수 아버지가 계속 보유해 상속했다면 상속세 과세가액은 40억 원이 되어 사전증여를 하지 않은 것에 비해 몇 배 이상의 상속세가 나올 수 있습니다.

그래서 사전증여는 상속세 계산할 때 상속 시점에 받은 재산이 아닌데 상속재산으로 가산해 억울하게 느낄 수도 있지만, 잘만 활용하면 상속세를 줄일 수 있는 역할도 하게 돼서 **재산이 많은 자산가라면 미리 전문가와 상담해 상속 플랜을 세우는 것이 좋습니다.** 다만 이렇게 되려면 부동산이 계속 상승할 것이라는 기대심리가 있어야 하고 부동산 가치가 변하는 기간(대략 3년 이상에서 10년 이내)이어야 합니다. 그러지 않으면 증여하는 것이 큰 의미가 없게 됩니다.

얼마 전 제게 상속세 관련해 상담한 사람도 이런 상황이었습니다. 연세가 많은 부모가 곧 돌아가실 것 같은데 부동산을 증여받는 것이 유리

한지 상속세로 과세하는 것이 나은지 상담하러 온 일이었습니다.

이 상황에서 증여한다고 가정할 때 증여 시점으로부터 예상 상속개시일이 짧아 세금에는 큰 영향을 주지 않는다고 했습니다. 다만 상속인 간의 재산 다툼이 일어날 가능성이 있어 소유권 이전하는 것이 마음 편하면, 세금은 논외로 하고 바로 증여하는 것이 좋다고 안내해드렸습니다. 그렇기에 사전증여를 활용해 상속세를 줄이려면 10년 이내 상속 플랜을 세워 실행하는 것이 좋습니다.

사전증여재산의 증여세

그러면 사전증여재산에 합산한 증여재산가액은 증여 시점에 증여세를 부담했을 텐데 이 세금은 어떻게 될까요? 증여 시점에 부담한 증여세는 미리 납부한 상속세로 보고 공제합니다.

여기서 공제하는 것은 증여세 산출세액이기에 할아버지가 손자 및 손녀에게 증여할 때 추가 부담하는 세대할증세액[27]은 상속세에 차감하지 않습니다.

---

27) 세대할증세액은 할아버지가 손주에게 증여할 때의 추가 세금을 부과하는 것입니다. 산출세액의 30%(미성년 + 20억 원 초과 증여 40%) 세금을 추가 부과합니다. 이와 관련해 '33. 증여세 구조에 대해 알고 싶습니다'에 설명되어 있습니다.

상속세에 가산하지 않은 사전증여재산

고인이 생전에 증여했다고 해 모두 상속재산으로 보는 것은 아닙니다.

앞서 살펴봤던 것처럼 부양의무로써 지급하는 생활비 등은 모두 상속세에 가산하지 않고 있습니다.

그러면 이것만 해당이 될까요? 그렇지 않습니다. 증여세 비과세로 규정한 내용은 상속세에 가산하지 않고 있습니다. 이것을 '합산하지 않은 사전증여재산가액'이라 합니다.

합산하지 않은 사전증여재산으로는 다음과 같습니다.

❶ 비과세되는 증여재산

❷ 증여세 과세가액불산입에 해당하는 것
 - 공익법인 등이 출연받은 일정한 재산 등
 - 공익신탁재산
 - 장애인 증여받은 일정 요건 충족한 재산

❸ 합산배제증여재산
 - 재산취득 후 재산가치가 증가에 따른 이익 증여
 - 전환사채 등의 주식전환 등에 따른 이익 증여
 - 합병에 따른 상장 등 이익 증여
 - 재산 취득 자금 등의 이익 증여
 - 명의신탁재산의 증여의제
 - 특수관계법인과의 거래를 통한 이익 증여
 - 특수관계법인으로부터 제공받은 사업기회로 발생한 이익 증여의제

사전증여재산 확인 방법

사전증여재산이 있는지는 홈택스로도 확인이 가능합니다. 다만 여기서는 증여세를 신고한 것을 바탕으로 확인하는 것이므로 정확한 사전증여재산은 고인의 계좌 등을 확인해야 합니다. 이점 참고하시고 홈택스로 사전증여재산 확인하는 방법을 보도록 하겠습니다.

❶ 홈택스에 '로그인', 맨 위 상단 메뉴의 신청/제출을 클릭

❷ 맨 좌측 중앙 하단 쪽에 '일반세무서류 신청'을 클릭

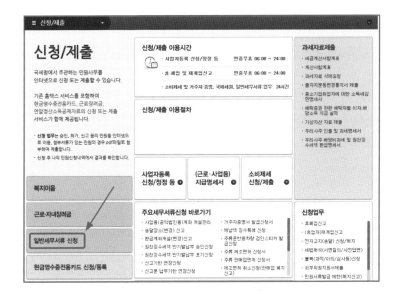

❸ 민원목록조회에서 '민원명 찾기' 에 키워드로 '상속'을 넣고 조회하기,
클릭한 후 다운로드에 신청서, 위임자 서식 파일을 받아 작성

❹ 그 옆의 인터넷 신청을 클릭, 피상속인 주민등록번호 입력한 후 작성

된 파일을 선택해 업로드

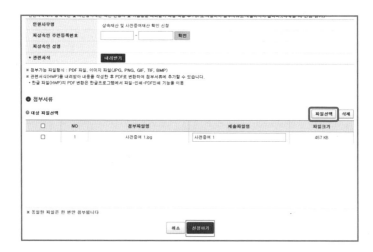

❺ 파일을 첨부한 것을 확인한 뒤 신청하기를 클릭

❻ 신청 후 대략 4~7일 후 홈택스에서 조회/발급 메뉴의 '상속재산 및 사
전증여재산 조회 도움 서비스'를 클릭

'사전증여재산'을 확인

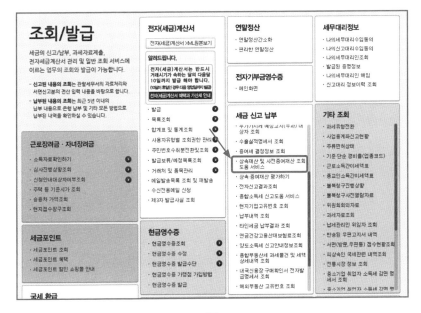

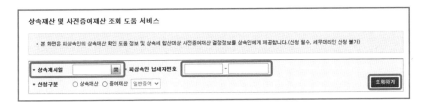

21 부모가 동시에 사망한 경우 상속재산은 어떻게 계산되나요?

부모가 동시에 사망한 경우 상속세 재산가액

정말 아주 극히 드물지만, 불의의 사고 등으로 부모가 동시에 사망하는 경우가 발생할 수 있습니다. 천재지변이나 고속도로 교통사고 등 흔하지 않은 일이라고 하지만 우리 주변에 언제든 일어날 가능성이 있는 내용이기도 합니다. 이런 상황이 발생하면 상속인은 당황할 수 있습니다. 정말 일어나서는 안 되는 상황입니다. 만약 이런 상황이 발생한다고 하면 상속세를 산정할 때 어떻게 상속재산을 나누어 상속세를 계산해야 할까요?

이런 상황이 발생하게 되면 아버지와 어머니의 상속재산을 각각 개별적으로 나누어 산정해 따로 계산하게 됩니다. 유산취득형의 형태로 상속세가 과세되기 때문에 돌아가신 분 기준으로 세금을 산정으로 부모가 동시에 사망한다면 따로 구분해 상속세를 계산하는 것은 당연하게 됩니다. 다만 상속공제 중 배우자공제는 적용을 받을 수 없습니다.

그러면 부모가 같은 날에 시차를 두고 사망할 때는 어떻게 될까요? 이 상황에서는 아버지와 어머니의 재산을 각각 개별로 과세하되 후에 사망한 사람의 상속세 과세가액에는 먼저 사망한 사람의 상속재산 중 해당하는 지분을 합산하고 '단기재상속에 대한 세액공제'를 적용합니다.

단기재상속에 대한 세액공제

단기재상속에 대한 세액공제는 단기간에 상속이 반복됨에 따라 상속재산의 가치가 감소하는 것을 방지하기 위해 상속 개시한 후 10년 이내 다시 상속이 개시되었을 때 전의 상속세가 부과된 상속재산 중 다시 상속한 재산에 대해 상속세 산출세액에서 공제해주는 제도입니다.

쉽게 설명하면, 아버지가 돌아가신 후 10년 이내 어머니가 사망한 경우 상속세가 이미 부과한 재산에 대해 다시 또 세금을 걷으면 과도한 상속세 부담이 될 수 있으니 이러한 것을 방지하기 위해 이미 상속세가 부과한 재산이 있다면 그 재산에 대한 부과한 상속세만큼은 공제해주는 제도가 단기재상속에 대한 세액공제입니다.

단기재상속에 대한 세액공제는 다음 산식에 따라 공제합니다.

- 단기재산 상속공제액 : ① × 공제율

$$① \text{ 이전 상속세 산출세액} \times \frac{\text{재상속분의 재산가액} \times \dfrac{\text{이전 상속세 과세가액}}{\text{이전 상속재산가액}}}{\text{이전 상속재산가액}}$$

공제율

재상속기간	공제율
1년 이내	100%
2년 이내	90%
3년 이내	80%
4년 이내	70%
5년 이내	60%
6년 이내	50%
7년 이내	40%
8년 이내	30%
9년 이내	20%
10년 이내	10%

22 상속재산 평가는 어떻게 하나요?

상속재산의 평가

　상속세 과세대상은 경제적 가치가 있는 물건과 권리입니다. 그러므로 세금을 계산하기 위해서는 미술품이나 부동산과 같은 비화폐성 자산도 화폐 가치로 환산해야 합니다. 하지만 이런 물건을 금전으로 전환하기는 쉽지 않은 일입니다. 우선 정확한 가치의 금액을 계산해야 하는데 누가 책정하느냐에 따라 달라질 수 있고, 객관성이지 않아 잘못된 평가로 인한 불이익은 모두 납세자 몫이 될 수 있습니다. 그래서 세법에서는 이러한 것을 방지하고자 통일된 방법에 따라 상속재산을 평가하고 있습니다. 물론 증여도 마찬가지입니다.

그러면 어떤 평가금액으로 산정할까요? 원칙은 상속개시일 현재의 시가입니다. 시가는 불특정다수인 사이에 자유롭게 거래가 이루어지는 경우 통상적으로 성립된다고 보는 가격을 말합니다. 상속세는 **상속 개시일 기준으로 전과 후 6개월 이내**(이하, 평가기간이라 합니다.) **매매된 거래가 있거나 감정평가금액 또는 수용, 공매, 경매가 있을 때는 그 가액을 시가**로 보고 있습니다. 참고로 증여는 증여일 전 6개월 또는 후 3개월입니다. 상속과 차이가 있습니다.

시가
- 상속 : 사망일 전 6개월 ~ 사망일 후 6개월 이내
- 증여 : 증여일 전 6개월 ~ 증여일 후 3개월 이내
- → 평가 기간 내 매매, 감정, 수용·공매, 경매의 가격

매매가격

매매가격은 평가기간 안에 해당 재산이 매각되었을 때 거래한 가격을 말합니다. 즉, 상속받은 부동산을 상속개시일로부터 6개월 이내[28] 매각했다면 매각한 금액이 상속세 계산할 때의 부동산 가치가 된다는 의미입니다.

---

28) 여기서 기준일은 매매계약체결일입니다. 계약 체결한 날이 평가기간 안에 있으면 됩니다.

사례를 들어 설명하면, 2023년 8월에 사망한 김우송 씨(85세) 소유 건물(서울 서초구 빌라, 기준시가 15억 원)이 상속인 김솔(50세)이 12월에 30억 원에 매각했다면 상속재산으로 계산하는 금액은 30억 원이 됩니다.

상속세 신고기한 안에 재산을 매각한 경우 양도소득세

상속과 다른 이야기지만, 관련성이 있어 한 가지만 추가해서 보겠습니다. 좀 전의 사례에서 상속인 김솔(50세)이 평가기간 안에 부동산을 매각했다고 했습니다. 이때 또 하나의 세금을 신고해야 합니다. 바로 **양도소득세**입니다.

상속인 김솔이 신고해야 할 양도소득세는 어떻게 계산할까요? 우선, 양도소득세는 상속개시 이후에 발생했으므로 납세의무자는 상속인 김솔이 됩니다. 그리고 매각한 가격 30억 원에서 상속으로 취득한 가격 30억 원(상속 시점에 취득 시가 = 취득가액)을 차감한 가격이 '0'원이므로 양도소득세는 발생하지 않게 됩니다. 따라서 세금을 낼 것 없이 신고만 하면 됩니다.

그래서 예전 2017년부터 2021년 사이에는 부동산 양도소득세 세율이 조정지역에서 중과 적용되다 보니 다주택자인 상속인은 상속주택의 중과를 피하려고(또는 종부세를 내지 않으려고) 상속개시 후 6개월 안에 무조건 팔려고 하는 사람도 있었습니다. 지금은 세법이 개정되고 부동산 경기가 얼어붙어 조정지역 해제된 지역이 다수라 그런 사례를 찾기 힘들지만, 미래의 부동산 경기는 어떻게 될지 모르니 참고로 알아두시면 좋을 것 같습니다.

매매계약 후 계약만 체결한 경우 매매가격

상속재산은 거래한 가격이 시가라는 것을 이해하셨지요? 그런데 상속재산을 매각하는 계약을 체결하고 계약 진행이 지진 부진할 때는 어떻게 될까요? 세법에서는 매매계약의 기준일을 매매계약일로 규정함에 따라 평가기간에 계약 체결하는 것이 상속세 시가로 보기 위해서는 중요합니다. 그러나 계약 체결한 후에 이행하진 않은 상황도 발생할 수 있습니다.

우리 주변에는 흔하지 않은 사례입니다만, 부동산 경기가 과열하거나 급격한 하락장일 때는 실제 발생할 수 있습니다. 물건을 구매한 사람으로서는 어제 계약한 가격이 폭락해 계약을 취소하고 싶기도 하고 때로는 그 반대의 상황이 될 수도 있습니다. 그래도 대한민국 안에서는 아주 드문 일이라고 볼 수 있습니다.

그러면 이때는 상속재산을 계산할 때 부동산 가격은 어떻게 책정할까요? 앞서 살펴봤던 것처럼 매매계약한 금액 그대로 산정하는 것이 타당할까요?

그렇지 않습니다. 매매계약을 체결한 후 계약금만 일부 받고 장기간 매매계약이 이행하지 않으면 거래가격으로 인정받지 못합니다.[29) 아무래도 그 가격 그대로 다시 계약 체결이 될 가능성이 작으니까요. 만약 처음 매매계약한 금액으로 상속재산에 반영했다가 계약이 취소되어 그 이후 엄청 낮은 가격으로 매각했다면 상속세만 더 나오게 되므로 납세자에게 불리할 수 있습니다. 그래서 이때는 객관적이고 확실한 다른 평가금액(감정가액 또는 유사매매사례가액, 기준시가 등)으로 산정해 상속세를 계산해야 합니다.

감정가액

감정가액은 감정평가법인(또는 개인 감정평가사무소)에 의해 산정한 금액을 말합니다. 주식을 제외한 자산 중 평가기간 내 감정가액이 있으면

---

29) 기획재정부 재산세과 658, 2017. 9. 26

그 가액이 상속세 재산가액으로 산정하게 되는데 반드시 둘 이상의 감정평가기관이 평가한 감정가액이어야 합니다. 상속재산으로 산정할 때는 그 가격의 평균액으로 산정됩니다. 만약 부동산 가격의 기준시가가 10억 원 이하라면 한 곳의 감정평가액만 있어도 인정받을 수 있습니다.

감정가액으로 상속세를 산정할 때는 감정평가사에 거액의 수수료를 지출하게 되는데 납세자 입장에서는 '상속세 신고하려는데 세무사 수임료도 아까운 판에 감정평가사 수수료도 지출하나?'라고 생각할 수 있습니다. 하지만 감정평가사 수수료는 상속세에서 세액공제를 받을 수 있고 일정 기간 보유 후 매각할 예정이면 양도소득세를 줄이는 차원에서 괜찮은 선택 중 하나입니다. 또한, 부동산 가격이 하락하는 과정에서 유사매매사례가액(또는 기준시가)[30]이 생각보다 높다고 판단할 때 상속세를 줄이는 차원에서 감정평가를 이용할 수도 있어서 이런 상황에 있는 분이면 꼭 활용하면 좋을 것 같습니다.

다만 감정평가 이용하는 것이 불리한 상황도 있습니다. 이때는 감정평가를 받은 금액이 다른 '유사매매사례가액' 등보다 높아(향후 양도소득세를 줄이는 목적으로 했지만) 상속세의 한계세율이 30% 이상(양도소득세 세율보다 높은 경우)이 되면 양도세 줄이는 것보다 상속세가 더 나올 수 있습

---

[30] 상속재산의 시가가 없을 경우 유사매매사례가액 또는 기준시가 등 보충적 평가방법에 따라 금액을 산정합니다. 이와 관련된 내용은 다음 장에서 확인할 수 있습니다.

니다. 그래서 여러 가지 상황을 고려해 세무사와 상담 후 감정평가 유
불리를 따져 선택하는 것이 좋습니다.

공매, 수용, 경매가액

흔하지 않지만 평가기간 안에 상속재산으로 받은 재산이 수용되어
보상을 받거나 경매(또는 공매)가 될 수 있습니다. 이런 사실이 있다면 그
가격을 시가로 봅니다.

시가 산정의 기준일

시가로 산정하기 위해서 매매가격, 감정가, 공매, 수용, 경매가액이
평가 기간 안에 있으면 그 가격을 상속세 재산가액으로 본다고 했습니
다. 그러면 기준일은 어떻게 될까요? 중간에 설명했으나 정리 차원에서
보도록 하겠습니다.

- 매매계약 : 매매계약 체결일(계약한 날)
- 감정가액 : 감정가액평가서 작성일
- 수용 : 수용보상계약체결일
- 공매 및 경매 : 공매가액 및 경매가액이 결정된 날

23 시가가 없는 상속재산은 어떻게 책정할까요?

시가가 없는 경우 평가금액

실제 상속세를 신고하게 되면 대부분 앞서 살펴본 시가가 없는 경우가 태반입니다. 이럴 때 상속재산을 화폐 가치로 전환해야 하는데 납세자의 수긍이 뒷받침하는 규정이 필요합니다.

수긍되지 않은 재산평가로 인해 거액의 세금 부담이 일어난다면 납세자의 재산권이 억울하게 침해를 받을 수 있습니다. 그래서 세법은 공평과세를 실현한다는 원칙 아래에 재산평가 규정을 다음과 같이 두고 있습니다. 이 순서대로 상속재산을 평가합니다.

시가 → 유사매매사례가액 → 기준시가 등 보충적 평가방법

유사매매사례가액

유사매매사례가액은 면적이나 위치, 용도, 종목, 및 기준시가가 동일하거나 유사한 다른 재산에 대한 시가가 있을 때는 그 가격을 말합니다. 유사매매사례가액을 적용하려면 아파트와 같은 공동주택과 그 이외 재산으로 구별해봐야 합니다.

아파트의 경우 동일 단지 내 전용면적과 기준시가의 차이가 5% 이내면 유사한 재산으로 봅니다. 아파트 이 외의 재산은 평가기간 내 해당 재산과 면적 · 위치 · 용도 · 종목 및 기준시가가 같거나 유사한 재산의 매매사례가액 있다면 그 가액을 시가로 볼 수 있습니다. 그런데 아파트 외 재산은 유사매매사례가액 찾기가 쉽지 않아 보통은 기준시가 등 보충적 평가방법으로 하는 경우가 많습니다.

유사매매사례가액 조회방법

유사매매사례가액은 홈택스로도 조회 가능합니다. 먼저 홈택스에 들어가 로그인하고, 상단 메뉴의 조회/발급을 클릭합니다.

상속증여재산 평가하기를 클릭합니다.

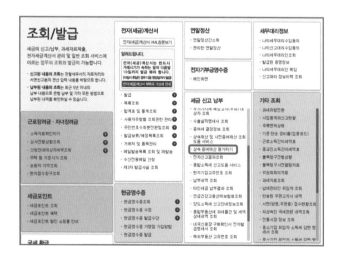

상속 · 증여재산 평가하기를 클릭합니다.

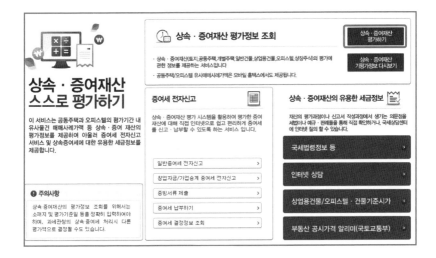

해당 내용을 체크하고 주소 기입 후 다음을 클릭합니다.

이렇게 클릭한 후 해당 주소 및 건물을 기입하면 유사매매사례가액

이 조회됩니다.

홈택스 외 국토교통부 실거래가 공개시스템 홈페이지(http://rt.molit.

go.kr)에서 실거래 현황을 조회할 수 있습니다.

해당 사이트에서 조회하면 상속재산 근처 전용면적 차이 5% 이내고 기준시가 5% 차이 이내인 곳을 확인하면 됩니다.

조회일에 없었던 유사매매사례가액 나중에 발견된 경우

만약 조회일에 '유사매매사례가액'은 조회가 되지 않았지만, 나중에 해당 가액이 나오면 어떻게 될까요? 유사매매사례가액은 이런 일이 종종 발생합니다. 즉, 주택 매매거래 신고가 계약일로부터 30일 이내에 하는 것인데, 계약 후 바로 신고를 하지 않으면 실거래가액이 나오지 않게 됩니다. 그러나 조회일에 조회가 되지 않았어도 실제 거래한 것이기에 시가로 인정받아 해당 가액으로 상속재산가액 또는 증여재산가액으로 산정하게 됩니다. 그래서 유사매매사례가액으로 상속재산을 평가할 때 신중하게 처리하는 것이 좋습니다.

보충적 평가방법

아파트와 같은 공동주택은 사람들이 많이 거주해 매매가 상대적으로 빈번해 유사매매사례가액을 산정하기 수월합니다. 그러나 단독주택이나 토지, 상가 등은 비슷한 건물을 찾기란 거의 불가능합니다. 그러면 이런 재산은 어떻게 평가할까요?

이때 평가는 다음과 같이 보충적 평가방법에 의해서 산정합니다.

❶ 토지 : 개별공시지가
❷ 건물 : 건물의 신축가격, 구조, 용도, 위치 등을 고려해 매년 1회 이상 국세청장이 산정 고시하는 가액
❸ 주택 : 개별단독주택가격, 아파트는 공동주택가격
❹ 수익형 부동산 : 임대수익이 발생하는 상가(수익형 부동산)은 기준시가와 임대료를 환산한 가액[31]을 비교해 큰 금액으로 산정

개별공시지가 및 개별주택가격 등 기준시가는 '부동산 공시가격 알리미(https://www.realtyprice.kr)에서 확인이 가능합니다.

---

31) 임대료 환산가액 = (1년간의 임대료 ÷ 12%) + 임대보증금

기준시가 확인하기

출처 : 한국부동산원 부동산 공시가격 알리미

기준시가로 산정하면 일반 시세 비해 낮은 가격으로 책정될 가능성이 커서 2020년부터 상속 및 증여한 부동산 중 비주거용 부동산과 나대지에 대해 감정평가를 받아 심의위원회에서 시가로 인정되면 해당 가격으로 재산을 평가해 세금을 부과하기로 했습니다.

그래서 간혹 꼬마빌딩을 기준시가로 산정해 상속세를 냈다가 과세관청이 감정평가를 받아 평가심의위원회의 심의를 거쳐 시가로 결정하면 추가 세금이 징수될 수 있습니다.

따라서 시가도 없고 유사매매사례가액도 없지만, 기준시가보다 더 많이 받을 것 같다고 생각하는 건물(꼬마빌딩 등)은 반드시 감정평가사에게 의뢰하는 것이 안전합니다.

　참고로 상속인이 재산평가를 잘못해 세금 추징당할 때는 과소신고 가산세[32]가 부과되지 않습니다.

---

32) 이 부분은 '32. 상속공제를 잘못 적용해 신고하면 어떻게 되나요?'에서 설명합니다.

24 상속공제에 대해 알고 싶습니다

상속공제와 종류

상속세를 줄일 수 방안은 상속세 과세가액에서 차감하는 것과 상속 공제를 최대한 활용하는 방법이 있습니다. 이 2가지는 과세당국에서 알아서 해주는 것이 아니므로 꼭 상속인이 챙겨야 합니다. 상속세 과세 가액(장례비용, 공과금, 채무)에서 차감하는 것은 앞서 살펴봤으므로 상속공 제에 대해 보도록 하겠습니다.

상속공제는 의도치 않은 상속으로 인한 남겨진 가족들의 경제적 충 격을 고려해서 세금 부담을 줄여주는 제도입니다. 여기에는 '인적공제'

와 '물적공제'로 구분할 수 있습니다.

인적공제는 납세자인 상속인의 사항을 고려해 일정 세금 부담을 낮춰주는 제도고, 물적공제는 정책적 목적 등의 이유로 상속재산의 종류에 따라 일정 세금을 공제해주는 것을 말합니다.

인적공제와 물적공제 종류

인적공제에는 기초공제, 배우자상속공제와 기타 인적공제에 해당하는 자녀공제, 미성년자공제, 연로자공제, 장애인공제가 있습니다.

물적공제에는 가업상속공제, 영농상속공제, 금융재산 상속공제, 재해손실공제, 동거주택 상속공제가 있습니다. 여기에서는 인적공제와 관련한 내용을 살피고 물적공제는 각 개별 장에서 자세히 살펴보겠습니다.

인적공제-기초공제

고인이 사망해 상속될 때 기본적으로 2억 원을 상속재산에서 공제해줍니다. 이것을 기초공제라고 합니다. 이 기초공제는 고인이 거주자이든 비거주자이든 상관없이 모두 적용되는 사항입니다. 또한, 기초공제는 상속인이 안정적인 생활을 할 수 있도록 상속재산 중에서 최소한의 재산은 과세에서 제외해주는 것이기에 별도의 신청을 요구하지 않습니다.

배우자상속공제

돌아가신 분의 배우자가 생존할 경우 배우자가 실제 받은 상속금액을 상속재산에서 공제합니다. 받은 금액이 없더라도 5억 원을 공제해주는 제도입니다. 다만 실제 받은 금액이 30억 원을 초과하면 30억 원까지 공제해주고 있습니다.

자세한 설명은 다음 장에서 살펴보겠습니다.

인적공제-그 밖의 인적공제

인적공제는 상속개시일 현재 상속인과 상속인이 아니더라도 동거가족(돌아가신 분의 재산으로 생계를 유지하는 직계존비속 및 형제자매)에 대해 일정 금액을 공제해주는 제도입니다.

인적공제의 특이한 점은 상속 포기한 사람에게도 적용된다는 것입니다.

쉽게 말해, 철수네 아버지가 돌아가셨는데 철수가 상속 포기했다고 해도 상속공제는 철수에 대한 자녀 공제를 받을 수 있다는 의미입니다. 물론 배우자상속공제도 인적공제이므로 동일합니다. 즉, 영희네 어머니가 돌아가셨는데 아버지가 상속 포기했어도 배우자상속공제는 적용받을 수 있습니다.

그 밖의 인적공제는 상속인 중 자녀, 미성년자, 연로자, 장애인 중 어느 하나에 해당할 때 공제대상이 됩니다.

기타공제	공제대상자	공제액
자녀	자녀	1명당 5,000만 원
미성년자	상속인 및 동거가족 중 미성년	1인당 1,000만 원 × 19세까지 연수
연로자	상속인 및 동거가족 중 65세 이상인 자	1인당 5,000만 원
장애인	상속인 및 동거가족 중 장애인	1인당 1,000만 원 × 기대여명 연수

자녀공제

'자녀공제'는 1인당 5,000만 원까지 공제하는 것으로 돌아가신 분과 같이 살고 있었는지(동거)와 연령은 따지지 않습니다.

여기서 자녀란 친생자뿐만 아니라 양자 관계인 법률상의 자녀를 포함해서 태아도 포함됩니다. 다만 상속인이 상속개시 전에 사망하거나 결격사유에 해당하면 대습상속이 되는데 대습상속인은 자녀공제를 받을 수 없습니다(미성년자는 가능). 또한, 새어머니(계모, 繼母)가 돌아가셨을 때 전처의 자녀는 자녀공제를 받을 수 없습니다. 그리고 자녀의 배우자인 사위나 며느리도 자녀공제를 받을 수 없습니다. 그러면 손주는 어떨까요? 손주는 돌아가신 분의 재산으로 생계를 유지하는 때에만 공제를 받을 수 있습니다. 달리 생각하면, 부모가 부양능력이 있다면 손주는 인적공제를 받을 수 없다는 의미입니다.

자녀공제는 자녀가 상속을 포기해도 자녀인 사실이 확인되면 별도의 신청이 없어도 공제해줍니다. 그리고 자녀공제·미성년자공제·장애인공제는 중복적용이 가능합니다.

미성년자공제

미성년자공제는 배우자를 제외한 상속인과 상속 당시에 돌아가신 분과 같이 살던 가족 중에 20세 미만인 사람에 대해 공제해주는 것을 말합니다.

여기서 같이 살던 가족(동거가족)이란 상속이 발생한 현재 고인이 사실상 부양하고 있는 직계존속(부모)·직계비속(자녀) 및 형제자매를 말합니다. 미성년자 공제는 상속인인 미성년자가 상속을 포기해도 적용되고, 상속인이 상속하기 전에 사망하거나 결격사유에 해당해 대습상속이 될 때는 돌아가신 분이 대습상속인을 사실상 부양하고 있었다면 그 대습상속인에 대해 미성년자 공제를 받을 수 있습니다.

미성년자 공제는 1,000만 원에 19세에 도달하기까지의 연수를 곱해 계산한 금액을 공제합니다. 연수를 계산할 때 1년 미만은 1년으로 계산합니다.

예를 들어, 15세 4개월 자녀가 있다면 4년 × 1,000만 원 = 4,000만 원을 공제받을 수 있습니다.

연로자공제

연로자공제는 상속인과 동거가족 중에 65세 이상인 사람을 대상으로 1인당 5,000만 원을 공제해주는 제도입니다. 연로자공제는 장애인 공제와 중복적용이 가능하고 배우자공제·자녀공제와는 중복적용이 불가능합니다.

장애인공제

장애인공제는 배우자를 포함한 상속인과 동거가족 중에 장애인인 사람을 대상으로 공제해주는 제도입니다. 공제금액은 1인당 통계청에서 고시한 기대여명 연수에 1,000만 원을 곱한 금액을 공제합니다. 연수를 계산할 때 미성년자공제처럼 1년 미만은 1년으로 봅니다.

기대여명 연수는 국가통계포털사이트(https://kosis.kr)에서 '완전생명표'를 검색해 찾을 수 있습니다.

기대여명 찾기

¹⁾ **완전생명표(1세별)**　　　　　　　　　「생명표」, 통계청 (자료문으

⊙ 수록기간: 년 1970 ~ 2021 / 자료갱신일: 2022-12-06 / 💬주석정보

🕐 시점　　📊 증감/증감률　　⊡ 행렬전환　　🔀 열고정해제　　🔲 새 탭 열기

| 연령별 | 2021 | | |
	기대여명(전체) (년)	기대여명(남자) (년)	기대여명(여자) (년)
24세	60.1	57.1	63.0
25세	59.1	56.1	62.0
26세	58.1	55.2	61.1
27세	57.1	54.2	60.1
28세	56.2	53.2	59.1
29세	55.2	52.3	58.1
30세	54.2	51.3	57.1
31세	53.2	50.3	56.2
32세	52.3	49.4	55.2
33세	51.3	48.4	54.2

출처 : 국가통계포털사이트

예를 들어, 현재 상속인이 장애인이고 29세 남성이면 연령별 29세의 기대여명(남자)를 찾으면 52.3이라고 보일 것입니다.

❶ 기대여명 연수 = 52.3 → 53년

❷ 장애인 공제 = 53년 × 1,000만 원 = 5억 3,000만 원

이렇게 계산한 금액을 공제합니다.

인적공제의 중복적용 여부

중복공제 가능	중복공제 불가
① 자녀공제·미성년자공제 ② 장애인공제·배우자상속공제·자녀 공제· 미성년자공제·연로자공제	① 배우자공제와 미성년자공제·연로자 공제 ② 자녀공제와 연로자공제

일괄공제

상속세는 기초공제 2억 원과 기타 인적공제(배우자상속공제 제외)의 합한 금액이 5억 원에 미달할 때 최소 5억 원을 공제받을 수 있습니다. 이것을 일괄공제라고 합니다.

일괄공제는 거주자인 피상속인의 사망으로 인해 상속이 발생할 때 일정 금액까지는 일괄적으로 공제해주는 편리한 제도로, 중산층의 상속세에 대한 불안감을 덜어주고자 하는 취지로 만들어진 제도입니다.

일괄공제는 기초공제 및 인적공제의 합계액이 5억 원에 미달하거나 상속세를 신고하지 않을 때 적용하고, 배우자가 단독으로 상속받는 상황에서는 일괄공제를 적용할 수 없고, 기초공제액 2억 원에 기타 인적공제를 더한 금액을 공제합니다. 그러나 배우자가 단독으로 상속받는 상황이 공동상속인의 상속포기 또는 협의 분할에 따라 발생한 것이라면 일괄공제를 선택할 수 있습니다.

일괄공제 외 공제를 추가해 공제 가능한지 여부

일괄공제를 적용하더라도 배우자상속공제와 물적공제는 추가해 공제받을 수 있습니다. 물적공제는 가업상속공제, 영농상속공제, 금융재산 상속공제, 재해손실공제, 동거주택 상속공제입니다.

상속공제를 잘 활용하면 상속재산이 많아도 상속세가 안 나오게 되니 상속세 신고할 때 꼼꼼하게 확인해 적용해야 합니다.

25 고인의 배우자가 있다면 상속세가 달라지나요?

영희네 어머니가 돌아가셨을 때 세금이 안 나왔던 이유

배우자상속공제는 상속세 신고할 때 매우 중요합니다. 고인의 배우자가 생존하면 기본적으로 공제받을 수 있는 금액이 최소 5억 원 상향 조정되어 상속재산이 10억 원 이하면 상속세가 나오지 않기 때문입니다. 그래서 옆집 철수는 아버지가 돌아가셨을 때 재산이 7억 원이라서 상속세가 몇천만 원 나왔는데, 앞집 영희는 어머니가 돌아가셨을 때 상속재산이 10억 원임에도 영희네 아버지가 살아계셔서 세금이 안 나오게 되는 것입니다.

따라서 상속세 계산할 때는 배우자의 생존 여부가 중요합니다. 여기서 말한 배우자는 혼인 관계에 해당하는 배우자만 해당합니다. 당연히 혼인신고를 하지 않은 사실혼 배우자(상속인 지위도 없으니)는 안 된다는 것을 알고 계시겠지요?

배우자상속공제

배우자상속공제는 인적공제 또는 일괄공제 외 배우자가 실제 상속받은 재산을 추가로 공제해주는 제도입니다. 즉, 상속재산이 15억 원인데 고인의 배우자가 상속재산 10억 원을 받았다면 상속세 계산할 때 일괄공제 5억 원 외에 10억 원을 추가로 공제하게 됩니다. 그러면 이 상황에서는 총 15억 원이 공제되어 세금이 나오지 않습니다.

만약 돌아가신 분의 배우자가 받은 재산이 없거나 5억 원 미만일 때는 어떻게 될까요? 그때도 5억 원을 공제해주게 됩니다. 그래서 배우자상속공제는 돌아가신 분의 배우자가 살아있다는 사실 하나로 최소 5억 원을 추가로 공제받을 수 있는 제도입니다.

상속재산이 100억 원이고 이 상속재산 100% 배우자가 단독으로 상속받게 된다면, 배우자상속공제는 100억 원으로 보고 상속세가 나오지 않을까요?

그렇지 않습니다. 배우자상속공제는 배우자가 실제로 받은 상속재산을 공제하지만, 한도가 있습니다.

한도는 다음 식에 따라 산정합니다.

> **한도 = Min(①, ②, ③)**
> ① 실제 받은 금액
> ② 배우자 법정상속분에 해당 금액
> ③ 30억 원

쉬운 듯하지만, 설명이 필요해서 부연하도록 하겠습니다. 배우자상속공제는 잘 활용하면 상속세를 줄일 수 있어 잘 이해하셔야 합니다.

배우자상속공제는 배우자가 실제로 받은 상속재산을 공제하는 것이 원칙입니다. 그러나 배우자의 법정상속분에 해당하는 금액과 30억 원과 비교해서 실제로 받은 금액이 더 많다면 실제 받은 금액 전부 다 공제하지 않습니다.

여기에서 배우자가 실제로 받은 상속재산은 상속개시 당시의 상황을 따르되 상속재산분할기한[33)까지 배우자가 실제 받은 재산을 의미하는 것입니다.

❶ 배우자가 받은 상속재산은 추정상속재산 및 배우자가 받은 사전 증여재산은 제외합니다.

❷ 승계하기로 한 채무나 공과금을 차감합니다.

❸ 받은 금액 중 비과세나 과세가액불산입으로 열거한 항목이 있다면 차감하면 됩니다.

이 내용을 눈에 보기 편하게 산식으로 표현하자면, 이렇습니다.

	배우자의 총상속재산가액(추정상속재산 제외)
–	배우자가 승계하기로 한 채무 및 공과금
–	배우자가 상속받은 비과세 재산가액(금양임야 등)
–	배우자가 상속받는 재산 중 과세가액 불산입액
–	10년 이내 배우자에게 증여한 재산가액
=	배우자가 실제 상속받은 금액

실제 상속받은 금액과 비교하는 '배우자 법정상속분에 해당하는 금액'은 다음과 같습니다.

---

33) 상속세 신고기한(상속개시가 속한 달의 말일로부터 6개월 이내)의 다음 날부터 9개월이 되는 날까지입니다.

❶ '상속재산가액(이것을 기준금액이라 하겠습니다)에서

❷ 배우자 법정상속지분을 곱한 금액에

❸ 배우자에게 증여한 재산가의 과세표준을 차감한 금액입니다.

배우자법정상속분 = ① 상속재산의 가액(기준금액) × ② 배우자 법정상속지분
- ③ 배우자에게 증여한 재산에 대한 과세표준

점점 복잡해지긴 하지만, 그래도 중요하므로 계속 설명하겠습니다.

❶ 상속재산가액(기준금액)은 상속세 계산할 때 과세가액입니다. 여기에는 장례비용이 들어가지 않습니다. 그래서 이것을 산식으로 보면 다음과 같습니다.

총상속재산가액
+ 가산하는 증여재산 중 상속인에게 증여한 재산(사전증여재산)
- 상속인 외 수유자가 유증 등을 받은 재산가액
- 공과금 및 채무(장례비는 아님)
- 비과세 및 불산입 상속재산가액
= 상속재산의 가액(기준금액)

여기에 배우자의 법정상속지분을 곱해주면 됩니다.

❷ 법정상속지분은 앞서 살펴봤습니다. 민법에 따라 상속지분이 결

정되는 것을 말합니다. 같은 순위의 상속인이 많으면 같은 비율로 하게 되고, 고인의 배우자가 있을 때는 배우자는 다른 상속인의 지분에 50% 가산하는 것을 말합니다.

예를 들어, 상속인 2명이 모두 직계비속(자녀)인 상황에서는 각각 1/2 씩 동일한 지분을 갖게 되지만, 돌아가신 분의 배우자가 있는 상황이면 다른 상속인의 지분의 50% 가산해 집계됩니다. 그래서 돌아가신 분의 배우자와 자녀 1명이 상속을 받는다면 배우자가 받는 법정 상속지분은 1.5/2.5 = 3/5[34] 입니다.

그리고 ❸ 10년 이내 돌아가신 분이 배우자에게 증여한 금액이 있다면 증여세 신고 당시 과세표준 금액을 차감하면 배우자 법정상속분이 계산됩니다. 증여세 과세표준은 증여 공제를 차감한 후의 금액인데 증여세에서 배우자공제는 6억 원이므로 그 금액은 차감한 금액으로 산정하면 됩니다.

지금까지 배우자상속공제를 어떻게 적용하는지를 살펴봤습니다.
쉬운 듯하지만 쉽지 않았지요?
이와 관련해 정리 차원에 옆집에 사는 철수 아버지 사례를 보면서 어떻게 배우자상속공제가 적용되는지 보겠습니다.

---

34) 자녀 1 : 배우자 1.5 = 총 2.5에서 배우자가 차지하는 비율은 1.5/2.5입니다.

2023년 10월에 옆집 철수네 아버지가 돌아가셔서 상속재산을 따져보니 총상속재산이 10억 원이었습니다. 여기에는 추정상속재산은 없었고, 2017년에 아버지가 어머니에게 10억 원을 현금으로 증여한 것이 있었습니다. 그 외에 철수에게 증여한 것은 1억 원입니다. 상속인은 철수를 포함해 자녀 2명과 어머니 1명입니다. 아버지가 돌아가시고 나서 가족 간의 협의를 통해 어머니가 받은 상속재산은 부동산 포함해 총 6억 원입니다.

자! 그러면 이 내용을 표로 일목요연하게 보면, 다음과 같습니다.

구분	금액
상속재산	10억 원
사전증여재산	11억 원(10억 원 + 1억 원 = 11억 원)
합계액	21억 원
상속인	자녀 2명, 배우자 1명

여기에서 배우자상속공제를 계산하려면 우선 3가지를 알아야 합니다.

❶ 배우자 실제 상속받은 재산
❷ 배우자 법정상속분
❸ 이 금액이 30억 원 이하인지 여부

먼저 배우자 실제 상속받은 금액을 계산하면, 상속개시 당시 6억 원과 10년이 내 사전증여가 4억 원입니다. 그러나 사전증여 금액은 포함하지 않으니 배우자가 실제 상속받은 금액은 6억 원이 됩니다.

이제는 배우자 법정상속분을 보겠습니다. 배우자 법정상속분은 상속재산의 기준금액을 봐야 합니다. 이 사례에서 총 21억 원입니다. 여기에 배우자 법정상속분을 계산하면 3/7이 나옵니다.

21억 원 × 3/7을 하면 9억 원이 나오게 됩니다. 여기에 10년 이내 사전증여한 금액 10억 원에 대한 과표는 10억 원 − 6억 원(배우자증여공제) = 4억 원이므로 이 금액을 차감하면 5억 원이 됩니다.

배우자가 실제 상속받은 금액 6억 원과 배우자 법정상속지분 금액 5억 원 모두 30억 원 이하 금액이고 둘 중 적은 금액으로 공제를 하므로 공제받을 금액은 5억 원이 됩니다.

만약 배우자가 사전증여받은 금액은 없고 실제 상속받은 재산이 4억 원이면 어떻게 될까요?
그러면 사전증여재산가액이 달라지므로 총상속재산이 11억 원이 됩니다.

이 상황에서 '배우자 법정상속분'은 4.71···억 원이 되고 실제 상속받은 재산 금액이 4억 원이지만 최소 5억 원을 공제받을 수 있으므로 모두 공제받을 수 있습니다.

추가로, 만약 상속재산은 14억 원이고 배우자에게 증여한 것은 없으나 다른 사전증여한 가액이 12억 원인 상태에서 배우자가 실제 받은 재산이 8억 원이라고 가정하면 어떨까요?

이러면 상속재산 기준금액은 14억 원 + 12억 원 = 26억 원이 되고 이 금액을 기준으로 배우자 법정상속분을 계산하면, 26억 원 × 3/7 = 11.14···억 원이 됩니다.

이 금액과 실제 받은 금액 8억 원과 비교하면 둘 중 적은 금액이 8억 원이므로 배우자상속공제로 적용받는 금액은 8억 원이 됩니다.

지금까지 본 배우자상속공제는 식이 많아 복잡하긴 하지만 간단하게 최종적으로 정리해보겠습니다.

❶ 배우자상속공제는 못 해도 최소 5억 원을 공제받는다.
❷ 배우자가 실제 받은 재산이 5억 원 이상이면 그 금액과 배우자 법정상속분과 30억 원을 비교해 셋 중 가장 적은 금액으로 적용한다.

이렇게 2가지만 기억하면 될 것 같습니다.

배우자상속공제를 활용한 절세 방법

배우자상속공제는 잘 활용하면 상당한 상속세 절세를 받을 수 있습니다. 이렇게 하려면 상속인 간의 협의를 통해 배우자에게 귀속되는 재산 비율을 상향조정하면 됩니다. 이 비율이 높을수록 최대 30억 원까지 공제받을 수 있습니다.

그리고 좀 전에 봤던 공식에서 이해했듯이 상속개시일 기준으로 10년 이내 배우자에게 증여한 금액이 많을수록 배우자 법정상속분이 줄어들어 배우자가 상속개시 당시 실제 받은 상속재산보다 적은 금액[35]으로 공제받을 수 있습니다.

그래서 특별한 경우가 아니면 배우자에게 증여는 하지 않는 것이 좋지만, 증여를 꼭 해야 할 상황이면 가급적 재산가치가 크지 않은 것을 증여하는 것이 상속세를 절감하는 데 좋습니다.

---

35) 배우자상속공제 = Min(실제 받은 금액, 법정상속분, 30억 원)

상속 포기한 경우에도 배우자상속공제 가능한가?

상속 포기는 처음부터 상속인의 지위에 없는 것이라고 배웠습니다. 그러면 배우자가 상속 포기할 때는 어떨까요? 배우자가 상속 포기하면 상속인에는 돌아가신 분의 배우자가 없어서 공제를 받지 못할까요?

그렇지 않습니다. 앞서 살펴봤던 자녀공제도 자녀가 상속 포기할 때도 공제받는 것처럼 배우자상속공제도 배우자가 상속을 포기해도 배우자상속공제를 받을 수 있습니다.

따라서 상속을 포기한 고인의 배우자가 있어도 5억 원을 추가해 공제받습니다. 또한, 배우자가 실제 받은 재산이 5억 원에 미달해도 5억 원을 공제받을 수 있습니다.

이혼조정 중에 배우자가 사망한 경우 배우자상속공제

최근에 황혼이혼 비중이 점점 증가하고 있습니다. 이혼을 조정하는 과정에 배우자가 사망하는 상황이 발생하기도 합니다. 물론 고령이 아니더라도 부득이한 사고나 지병에 의해 사망할 수도 있습니다. 이때도 배우자상속공제를 받을 수 있을까요?

이때는 가정법원에 '이혼 조정' 신청만 한 상황이면 공제를 받을 수 있지만, 이혼 조정 신청을 한 후 상속개시 당시 조정이 성립된 경우면 호적정리를 하지 않았더라도 배우자상속공제를 적용받을 수 없습니다.[36]

또한, 가정법원에서 이혼 조정이 성립되면 상속인 지위에 있지 않으므로 사전증여재산가액의 합산 기간은 5년이 되고 이혼으로 인한 분할한 재산은 상속세 과세가액에 합산하지 않게 됩니다.[37]

---

36) 서면 4팀 1012, 2008. 4. 20
37) 법규재산 2013-228, 2013. 9. 11

26 아직 태중에 있는 태아도 상속재산을 받을 수 있나요?

태아의 상속인 지위

일어나면 안 되는 일이지만, 부득이한 사고나 지병에 의해 젊은 나이에 소천하시는 분 중에 배우자가 임신 상태인 경우도 있습니다. 그러면 이 태아는 아직 태어나지 않았지만 소천하신 분의 자녀이기에 상속인이 될까요?

태아가 상속인의 지위에 있는가에 대해 과거에 많은 논란이 있었으나, 민법에서는 태아도 상속순위를 정할 때 이미 출생한 것으로 보고 있습니다.

논란이 있었던 배경에는 태아가 유산되는 위험이 존재해서 태어나지 않은 자에게 상속 지위를 주면 여러 가지 복잡한 상황이 존재하기 때문입니다. 그러나 민법에서 태아도 상속인 지위에 있기에 상속능력을 가져 직계비속(자녀)으로 상속인 지위에 있습니다. 그러면 상속세에서는 어떻게 보고 있을까요?

태아의 상속공제

상속인이 미성년 자녀이면 앞서 살펴본 것처럼 상속세에서 기본적으로 공제받을 수 있는 것은 1인당 5,000만 원을 공제받는 자녀공제와 성년이 될 때까지 1년에 1,000만 원을 공제받는 미성년자공제를 적용받을 수 있습니다. 이 둘은 중복적용 가능해 0세부터 시작하면 최대 2억 4,000만 원을 공제받을 수 있습니다.

이 제도(자녀공제와 미성년자공제)의 도입 취지는 자녀가 성년이 될 때까지 최저생계비를 보장하는 목적으로 도입된 것입니다. 태아가 자녀의 지위에 있다면, 자녀공제와 미성년자 공제를 적용받아 최대 2억 4,000만 원을 공제받을 수 있습니다.

과거 과세관청은 태아의 상속공제를 인정하지 않았으나, 2023년부터 세법이 개정되어 태아도 자녀공제와 미성년자 공제를 적용받을 수 있게 되었습니다.

과거 심판 사례를 보면, 태아에 대해 자녀공제를 한다는 상속세법 규정이 없어 소득세법 규정을 유추해 해석했습니다. 소득세법은 실제 태어난 경우에만 공제받으므로 상속세도 동일하게 해야 한다는 주장이었습니다. 그러나 자녀공제와 미성년자공제의 취지를 생각하면, 해당 제도는 자녀가 성인이 되기까지 최저생활비 보장 목적입니다. 태아는 상속일 현재 태어나지 않았지만, 향후 태어나면 성인이 되기까지 생활비가 필요하게 됩니다. 여타 다른 자녀와 동일합니다.

이러한 주장을 바탕으로 2022년 1월 26일 조세심판원에서 과세당국이 그동안 견지했던 주장과 사뭇 다른 결정을 했습니다. 태아도 자녀공제 및 미성년자공제를 받을 수 있다고 했고, 이듬해 2023년에는 세법 개정으로 법에 명시했습니다. 따라서 2023년부터는 태아도 적법하게 자녀공제 및 미성년자공제를 받을 수 있게 되었습니다.

27 가업상속공제에 대해 알고 싶습니다

가업상속공제

  우리에게 가깝지만, 심리적으로 매우 먼 나라인 일본을 보면 부러운 점 중 하나가 100년 넘은 가게들이 참 많다는 것입니다. 물론 우리나라는 그 나라의 침략과 6·25 전쟁, 군사정권, IMF 시대 등 다양한 격동의 시대를 경험하다 보니, 100년 넘는 기업을 보는 것이 가뭄에 콩 나듯 합니다. 하지만 한국인의 저력으로 선진국 반열에 오른 것을 보면 미래에는 100년 넘는 장수기업이 많이 생길 듯합니다. 물론 그 기업이 좋은 경영진을 만나 지속 가능한 성과를 달성한다는 전제가 필요하겠습니다.

최근에 재벌 2세나 3세들의 마약이나 방탕한 생활, 갑질 등 여러 가지 불미스러운 일이 언론에 오르내리다 보니 가업의 세습을 바라보는 시선이 좋지만은 않습니다. 하지만 기업을 안정적 운영을 위해 필요하다는 측면도 있어 대기업이 아닌 기업(중소 및 중견기업 등)은 가업으로 물려주는 것에 대해 상당히 많은 금액을 공제해주고 있습니다.

이 제도를 가업상속공제라고 합니다. 가업상속으로 상속을 진행한다면 가업 상속재산의 100%, 최대 600억 원까지 상속공제를 받을 수 있습니다.

예를 들어, 삼진사탕(중소기업)을 운영하는 철수(90세)가 지병에 의해서 사망했는데, 보유한 재산이 삼진사탕 관련 재산만 500억 원이라고 해보겠습니다. 그러면 상속인이 내는 세금(상속세)은 상속재산 500억 원에서 가업상속공제 500억 원을 차감하면 과세표준이 없어 내야 할 상속세는 0원이 된다는 의미입니다.

만약 가업상속재산제도가 없었다면 상속인이 내야 하는 상속세는 총 242억 9,000만 원[38]이 됩니다.

---

38) 500억 원에서 5억 원을 일괄공제한 금액의 50% 세율 적용 후 누진공제 4억 6,000만 원을 적용한 금액입니다.

그래서 이 제도로 인해 엄청난 세금을 아낄 수 있다는 것을 알 수 있습니다.

가뜩이나 일반 서민은 없는 살림에 세금을 꼬박꼬박 내는데 서민보다 무지하게 잘 사는 기업가에게 이렇게 많은 혜택을 주는 것이 억울하게 느껴질 수도 있겠습니다. 그러나 국가에서 이 제도를 두는 이유는 중소기업의 우대 정책으로 원활한 기업 승계를 지원해 고용 창출과 경쟁력을 유지시키려는 취지입니다. 돌아가신 분의 가업이 후손에게 이어질 수 있도록 하기 위해서입니다.

그러면 머지않은 시점에 우리나라도 100년 이상 넘는 기업이 많이 탄생하겠지요? 후손들이 잘만 운영한다면 말입니다.

가업상속공제는 가장 많은 금액의 세금을 줄여줄 수 있는 제도다 보니 요건이 굉장히 까다롭습니다. 미리 준비하지 않으면 좋은 제도가 있음에도 사용도 못하고 세금을 팍팍 많이 낼 수 있습니다.

그래서 기업 컨설팅을 전문으로 하는 곳에서는 이와 관련한 전문 서비스를 제공하기도 합니다. 국세청에서도 가업상속공제 관련해 세무서비스를 제공하고 있다고 합니다.

굉장히 유용한 제도이니, 기업을 잇고자 하는 분은 꼭 이 제도의 요건을 꼼꼼하게 확인해 미리 대비하면 좋을 듯합니다.

그러면 가업상속공제에 대해 알아볼까요?

가업상속공제는 3가지 요건만 기억하면 됩니다. 이 3가지 요건을 모두 충족하면 됩니다.

이것을 간단히 보면 ❶ 돌아가신 분 요건과 ❷ 기업 요건, ❸ 상속인 요건입니다.

❶ 돌아가신 분(피상속인) 요건

가업상속공제를 적용받기 위해서는 돌아가신 분이 10년 이상 계속 경영한 기업임을 전제로 합니다. 따라서 기업 경영 기간이 10년 미만이면 가업상속공제를 적용받을 수 없습니다.

이 상황에서 다음의 2가지 요건을 충족해야 합니다.

① 해당 기업에 대한 주식을 돌아가신 분(피상속인)을 포함한 특수관계자가 최대주주 또는 최대출자자이면서 주식 등을 합한 비율이

해당 기업의 주식 총수의 40%(상장법인은 20%) 이상이어야 하고, 주식을 보유한 기간이 10년 이상이어야 합니다.

② 피상속인이 일정 기간 대표이사로 가업에 종사해야 합니다. 여기서 일정 기간은 다음 요건 중 어느 하나의 기간을 말합니다.
- 가업 영위 기간의 50% 이상 가업에 종사하거나, 상속개시일 전 10년 중 5년 이상의 기간 종사
- 상속인이 피상속인의 직위를 승계해 승계한 날부터 상속이 시작된 날까지의 기간이 10년 이상

❷ 가업 요건

가업은 중소기업과 중견기업에 따라 요건이 다릅니다. 중소기업이면 자산총액이 5,000억 원 미만인 기업이어야 하고, 중견기업으로 상속이 시작되는 연도의 직전 3개 사업연도의 매출액이 평균 5,000억 원 미만인 기업이어야 하는 요건을 갖추어야 합니다.

❸ 상속인 요건

상속인은 다음의 요건 모두 충족되어야 합니다.

① 상속개시일 현재 18세 이상
② 상속개시일 전에 2년 이상 계속해 직접 가업에 종사

예외적으로 다음에 해당할 때는 가업에 종사하는 것으로 간주합니다.

③ 상속세 과세표준 신고기한까지 임원으로 취임하고, 상속세 신고 기한부터 2년 이내에 대표이사 등으로 취임

④ 가업이 중견기업인 경우 가업상속재산 외 상속재산의 가액이 해당 상속인이 상속세로 납부할 금액의 2배를 초과하지 않을 것

여기까지 가업상속공제 적용을 받을 수 있는 요건입니다. 이 요건이 모두 충족되면 가업상속공제를 적용받을 수 있습니다.

가업상속공제 금액

가업상속공제를 적용할 때 금액은 가업상속재산 100% 적용하지만, 한도가 있습니다. 한도는 돌아가신 분이 가업을 얼마 동안 경영한 지에 따라 차등을 두고 있습니다.

돌아가신 분이 가업경영 기간이 10년 이상이면 300억 원 공제를 받을 수 있습니다. 20년 이상이면 400억 원, 30년 이상이면 600억 원 한도로 공제받을 수 있습니다.

피상속인의 계속 경영 기간	공제한도액
10년 이상 20년 미만	300억 원
20년 이상 30년 미만	400억 원
30년 이상	600억 원

예를 들어, '우송식품'을 운영하는 희철(80세)은 25년 동안 기업을 경영해 지병에 의해 사망했다고 봅시다.

우송식품 관련 재산이 총 500억 원이라면 희철(80세)이 기업을 경영한 기간이 25년이므로 가업 상속재산 500억 원 중 400억 원만 공제받고 100억 원은 상속재산으로 과세하게 됩니다.

만약 희철이 기업을 경영한 기업이 30년이면 가업 상속재산 500억 원을 전부 공제받을 수 있습니다.

가업상속공제 사후관리

가업상속공제는 워낙 많은 세금을 줄여주다 보니 악용하는 사례가 발생할 수 있어, 가업상속공제를 신청하면 5년(23년 이후부터) 간 사후관리 요건이 추가됩니다.

사후관리라고 함은 향후 가업상속공제의 취지에 어긋난 행태를 하면 공제받은 금액을 전부 추징한다는 뜻입니다. 예전에는 7년 기간을 적용했는데, 2023년부터는 5년으로 줄어들었습니다.

　가업상속공제 후 상속인이 다음과 같은 행태를 하게 되면 공제받은 금액을 전부 추징하게 됩니다.

❶ 가업 자산의 40% 이상 처분

❷ 상속인이 대표이사 등에 종사하지 않은 경우 또는 기업의 주업종 변경, 1년 이상 휴업 또는 폐업

❸ 상속인의 지분 감소

❹ 정규직 근로자 기준으로 고용인원 및 기준 총급여액 80% 미달

❺ 가업 관련 조세포탈 또는 회계 부정행위(분식회계)

　참고로 가업상속공제는 후술하는 영농상속공제와 중복해서 적용할 수 없습니다.

28 영농상속공제는 무엇인가요?

영농상속공제

농업이나 어업, 임업 등 우리 실생활(먹거리 등)과 밀접한 관련이 있어 해당 업종을 영위하는 사람에게 세제상 혜택을 많이 주고 있습니다. 소득세에서는 소득을 벌어도 세금을 부여하지 않은 비과세 혜택을 주고 있습니다. 농지로 사용하는 토지를 8년 이상 경작한 후에 매각했다면, 매각 차익에 대한 세금을 1억 원까지 감면해주는 제도도 시행하고 있습니다. 또한, 상속세에서도 많은 혜택을 주고 있습니다. 상속인이 받은 영농재산 중 최대 30억 원까지 상속재산에서 공제를 해주고 있습니다. 이것을 영농상속공제라고 합니다.

'영농'의 용어 때문에 농업만 생각할 수 있지만, 농업, 임업, 어업 모두 통틀어 지칭하는 용어로 이해하시면 됩니다.

영농상속재산

영농상속재산은 상속인이 받거나 받을 재산 중 다음의 것을 말합니다.

① 소득세법을 적용받는 영농 : 각종 법(예를 들어, 농지법에 다른 농지, 초지법에 따른 초지조성허가를 받은 초지, 어선법에 따른 어선 등)에 따른 자산으로 상속개시일 2년 전부터 영농에 직접 사용한 자산
② 법인세법을 적용받는 영농 : 상속재산 중 법인의 주식 등의 가액

영농상속공제 요건 : 피상속인 요건

영농상속공제를 적용받으려면 피상속인이 상속개시일 8년 전[39]부터 계속해 직접 영농에 종사한 경우로 다음의 요건을 모두 갖추었을 때 적용 가능합니다. 참고로 '직접 영농에 종사한다'라는 의미는 영농 대상 자산을 이용해 상시 종사하거나 작업의 2분의 1 이상 본인 노동력을

---

39) 상속세 및 증여세법 시행령 제16조 2항(2023. 2. 28 개정)

수행하는 것을 의미합니다. 만약 소득금액 3,700만 원 이상일 때는 해당 기간에는 영농에 종사하지 않은 것으로 봅니다.

① 소득세법을 적용받는 영농 :
   ⓐ 경영요건 : 상속개시일 8년 전부터 직접 영농에 종사
   ⓑ 거주요건 : 해당 농지 등으로부터 인접 지역 또는 직선거리 30km 이내 거주할 것
② 법인세법을 적용받는 영농 :
   ⓐ 상속개시일 8년 전부터 계속해 해당 기업을 경영
   ⓑ 법인의 최대주주 등으로서 본인과 특수관계인의 주식 등을 합해 해당 법인의 발행 주식 총수 등의 50% 이상 계속해 보유할 것

영농상속공제 요건 : 상속인 요건

영농상속공제의 상속인은 상속개시일 현재 18년 이상으로 다음의 요건을 충족할 때 가능합니다.

❶ 소득세법을 적용받는 영농

   ⓐ 경영요건 : 상속개시일 2년 전부터 직접 영농에 종사. 단, 피상속인이 65세 이전 사망하거나 천재지변 등 부득이한 사유로 사망한 경우 제외

ⓑ 거주요건 : 해당 농지 등으로부터 인접 지역 또는 직선거리 30km 이내 거주할 것

❷ 법인세법을 적용받는 영농 :

ⓐ 상속개시일 2년 전부터 계속해 해당 기업을 경영. 단, 피상속인이 65세 이전 사망하거나 천재지변 등 부득이한 사유로 사망한 경우 제외

ⓑ 상속세 과세표준 신고기한까지 임원으로 취임하고, 상속세 신고기한부터 2년 이내 대표이사 등으로 취임할 것

영농상속공제 사후관리

영농상속공제를 받은 후 정당한 사유 없이 상속개시일로부터 5년 이내 상속재산(영농상속공제 대상인 것에 한함) 처분하거나 영농에 종사하지 않게 되면 이자 상당액을 포함해 상속세를 추징하게 됩니다. 단, 다음의 경우는 예외로 합니다.

❶ 영농상속 받은 상속인의 사망
❷ 해외이주법에 따른 해외 이주
❸ 영농상속재산의 수용 또는 협의 매수

❹ 영농상 필요에 따라 농지 교환·분합 또는 대토

❺ 병역의무 이행, 질병 이행, 취학상 형편 등 부득이한 사유로 영농
에 종사하지 못하는 경우

29 부모님과 한집에 오랫동안 살다가 상속받은 주택은 공제될까요?

함께 거주한 주택은 공제 가능!

현대 사회 가족 풍경이 대가족에서 핵가족, 1인 가정으로 바뀌고 있지만, 부모를 봉양해야 한다는 기특한 생각을 가지고 있는 사람도 여전히 많습니다.

그래서 상속세에서도 이런 것을 감안한 제도를 두고 있습니다. 바로 '동거주택 상속공제'입니다.

동거주택 상속공제란 상속인이 돌아가신 분과 일정 기간 함께 거주한 주택(아파트 등 이하 주택)을 상속받으면(일괄공제 외) 추가로 공제받는 것을 말합니다. 단, 주택가격이 6억 원을 초과할 때는 최대 6억 원까지 공제를 받을 수 있습니다.

예를 들어, 앞집에 사는 영희는 홀어머니를 오랫동안 모시다가 어머니가 지병에 의해 사망했다고 보겠습니다.

어머니의 상속재산은 함께 살던 아파트 5억 원과 그 외의 재산 2억 원이었습니다. 이 상황에서 영희가 받은 상속재산의 총가액은 총 7억 원입니다.

영희가 납부해야 하는 상속세를 계산하면 상속으로 받은 재산 총 7억 원에서 일괄공제 5억 원을 차감하고 주택가격도 추가로 공제받을 수 있으니 주택 5억 원을 추가로 공제하면 상속공제(일괄공제 5억 원 + 동거주택 상속공제 5억 원) 금액이 총 10억 원이 되어 상속재산보다 크므로 납부할 상속세가 나오지 않게 됩니다. 만약 동거주택 상속공제를 적용받지 못하면 상속세로 약 3,000여만 원의 세금이 나올 것입니다.

그러나 상속재산이 동거주택 10억 원, 그 외의 상속재산 4억 원이라면 어떨까요? 즉, 주택가격이 6억 원이 초과한 상태입니다. 이 상황에서 상속세를 계산하면 총상속재산이 14억 원으로 일괄공제 5억 원과 동거주택 상속공제[Min 주택가격 10억 원, 6억 원(한도) = 6억 원]를 해보겠습니다.

11억 원 상속공제를 받아 과세표준으로 산정하는 금액은 3억 원[40]이 되고, 여기에 다른 공제가 없다는 전제하에 세금을 계산하면 약 5,000여만 원이 나옵니다. 동거주택 상속공제를 하지 않았다면 상속세는 2억 1,000여만 원이 산출되어 동거주택 상속공제로 꽤 많은 세금이 절감되었다는 것을 알 수 있습니다.

따라서 동거주택 상속공제도 적용할 때 요건을 꼼꼼하게 살펴봐야 합니다.

동거주택 상속공제 요건

동거주택 상속공제를 적용받으려면 다음의 요건에 충족해야 합니다.

❶ 피상속인과 상속인이 상속개시일로부터 소급해 10년 이상 계속해 하나의 주택에서 동거할 것

---

40) 적용하는 상속세 한계세율에 따라 달라집니다. 한계세율을 상속세 최고 세율인 50%인 상황을 전제로 계산한 것입니다.

❷ 동거주택 판정기간에 계속해 1세대를 구성하면서 1주택에 해당할 것

❸ 상속인은 상속개시일 현재 무주택자이거나 피상속인과 공동으로 1세대 1주택을 보유한 자로서 피상속인과 동거한 상속인이 상속받은 주택일 것.

동거주택 상속공제를 적용하기 위해서는 1세대 1주택을 보유하는 것이 관건입니다. 그러나, 일시적 2주택인 경우에도 1주택자로 보고 있습니다. 이 상황은 다음과 같습니다.

❶ 피상속인이 다른 주택 취득으로 인해 2주택자가 된 경우로 다른 주택 취득일로부터 2년 이내 종전 주택을 처분한 경우

❷ 상속개시일 이전에 1주택을 소유한 자와 혼인한 경우로 혼인한 날로부터 5년 이내 1개 주택을 처분한 경우

❸ 소유한 주택이 등록문화재에 해당하는 경우

❹ 이농 및 귀농주택을 소유한 경우

❺ 60세 이상의 직계존속을 동거봉양하기 위해 세대를 합쳐 일시적으로 1세대 2주택이 된 경우로 세대를 합친 날부터 5년 이내 피상속인 외의 자가 보유한 주택을 양도한 경우

소수 지분을 소유한 상태에서 '동거주택 상속공제' 적용 여부

소수 지분의 주택을 가지고 있는 상태에서 주택을 상속받게 되면 '동거주택 상속공제'를 적용받는지 궁금할 수 있습니다.

예를 들어, 옆집에 사는 영희는 어머니가 할아버지가 돌아가셨을 때 가족과 합의하에 할아버지 주택 지분 1/3을 소유하기로 했습니다.

어머니가 할아버지 상속주택에 대한 소수 지분을 가지고 있는 상태에서 영희는 홀어머니와 함께 대전에 있는 주택 1채에서 10년 이상 거주하고 있다가 어머니가 지병에 의해 사망했습니다. 이 경우 영희는 동거주택 상속공제 적용이 가능할까요?

그렇지 않습니다. 영희 어머니가 소수 지분이라도 다른 주택 소유하고 있어 1세대 1주택 요건 충족되지 않음에 따라 공제를 받을 수 없습니다.[41]

---

41) 사전법규재산 2022-1130, 2022. 11. 28

동거주택 상속공제 필요서류

동거주택 상속공제를 적용받기 위해서는 다음의 서류를 지참해야 합니다.

❶ 피상속인과 상속인이 10년 이상 함께 동거한 사실을 입증한 서류
- 초본 또는 등본
- 신용카드 사용 명세(주로 거주한 지역 확인을 위함 / 선택)

❷ 등기부등본

30 금융재산 상속공제에 대해 알고 싶어요

금융재산 상속공제

금융자산은 예금이나 유가증권과 같은 것을 말하는 것입니다. 상속재산 중 금융자산이 있으면 금융재산에 대한 상속공제를 받을 수 있습니다.

이 제도를 '금융재산 상속공제'라고 합니다. 금융재산 상속공제는 금융재산 구간별로 20% 금액을 공제해주되 최대 2억 원을 상속재산에서 공제받을 수 있습니다.

그런데 왜 공제해줄까요? 우리가 지금까지 살펴봤던 내용(상속세) 중에서 부동산과 같은 자산에 대해 공제하는 것은 없었습니다. 왜 금융재산에 대해서는 일정금액만큼 상속재산에서 차감해줄까요?

이유는 상속현장에서는 부동산의 경우 비화폐성 자산이라 보충적 평가방법에 따라 진행하는 것이 일반적입니다. 보충적 평가방법을 사용하면 일반 시세보다 상속재산을 낮게 책정하는 경향이 있습니다. 상식적으로 보면 시세와 기준시가 비교하면 일반적으로 기준시가가 낮은 편이라는 것을 알 것입니다.

그러나 화폐성 자산인 금융재산은 평가방법이 따로 있는 것이 아니라 그 금액 그대로 상속재산으로 됩니다. 즉, 예금 잔액 3억 원이 있다고 하면 3억 원이 상속재산으로 보게 됩니다.

이와 달리 주택과 같은 부동산은 시세가 10억 원이라도 누가 10억 원에 사주지 않는 한 그 시세는 진짜 가격이 아닌 것입니다. 그래서 시가 아닌 보충적 평가방법인 기준시가에 따라 가격을 산정하게 되는데, 그 가격은 보통 10억 원보다 낮은 가격으로 산정됩니다.

그러면 금융자산은 부동산과 같은 비화폐성 자산 간의 평가방법에서 불균형이 발생하게 됩니다. 그래서 평가방법에 따른 불균형(불평등)을 방지하고자 상속세에서는 금융재산에 대해 2억 원을 한도로 공제해주는 것입니다.

금융재산 상속공제 계산

'금융재산 상속공제'는 순금융재산을 공제해주고 있습니다. 순금융
재산이란 금융재산에서 금융채무를 차감한 것을 말합니다. 이 금액을
다음에 따라 계산한 금액을 상속재산에서 공제합니다.

순금융재산	금융재산 상속공제액
2,000만 원 이하	순금융재산가액 전액
2,000만 원~1억 원 이하	2,000만 원
1억 원 초과~10억 원 이하	순금융재산가액의 20%
10억 원 초과	2억 원

이것을 말로 표현하면 순금융재산 2,000만 원 이하까지는 순금융재
산은 전액을 공제하고, 2,000만 원 초과하는 금융재산은 최소 2,000만
원을 공제하되 1억 원 넘는 순금융재산은 20%로 계산하지만 2억 원을
한도로 둔다는 의미입니다.

예를 들어, 옆집에 사는 철수 아버지가 금융계좌에 5억 원이 있고,
금융기관 대출금이 2억 원이 있다면 순금융재산은 3억 원이 됩니다.
이때 철수가 받을 수 있는 금융재산 상속공제는 3억 원의 20%인

6,000만 원을 공제받을 수 있습니다.

사전증여 금융재산공제?

앞서 우리는 사전증여에 대해 알아봤습니다.

금융재산을 상속개시일 전 10년(상속인) 또는 5년(상속인 외) 이내 증여하면 상속재산에 포함(사전증여 재산이므로)되는데 이때도 금융재산 상속공제를 해줄까요?

그렇지 않습니다. 사전증여한 금융재산은 상속공제 대상이 되지 않습니다.[42]

그래서 금융재산은 증여보다는 상속으로 진행하는 것이 좋습니다. 단, 전제조건은 금융재산의 증여 시점이 상속개시일로부터 10년(상속인) 또는 5년(상속인 외) 이내일 때 해당합니다.

만약 사전증여로 보지 않은 기간(10년 또는 5년)에 금융재산을 증여하면 상속재산을 줄여주는 역할을 하므로 상속세 절감효과를 톡톡히 볼

---

42) 서면 4팀 3455, 2007. 12. 3

수 있습니다.

　그렇기에 현재 상황을 잘 파악해서 기대수명이 많이 남은 시점에 상속세를 덜 내고 싶다고 하면 금융재산을 미리 증여하는 것이 좋고, 기대수명이 가까운 시점이라면 금융재산은 상속으로 진행하는 것이 현명합니다.

개인퇴직연금과 보험금

　그러면 개인퇴직연금과 금융기관이 취급하는 보험금을 상속재산으로 받을 때는 어떻게 될까요? 이때는 금융재산 상속공제 적용 가능[43]합니다.

---

43) 서면 상속증여 2022-4001, 2022. 9. 29

31 상속세 세무조사 대비사항을 알고 싶습니다

상속세 신고 후 세무조사?

최근 지인으로부터 이런 연락을 받았습니다.

"상속세 신고하려는데 담당 세무사가 일어나지도 않은 세무조사 비용까지 감안해 수수료를 책정하는데, 이게 맞는 건가요?"

아마도 지인이 세무사에게 세무조사 이야기를 들으면서 정확하게 신고하고자 세무사에게 의뢰한 것인데 다짜고짜 탈세범처럼 이야기하는 것이 기분이 좋지 않았던 것 같습니다. 왠지 세무사가 수수료 더 받기 위해 꼼수를 쓰는 것은 아닌지 하는 생각을 하게 되었겠지요.

그러나 상속세는 다른 세금에 비해 세무조사를 받을 가능성이 매우 큽니다. 왜 그럴까요? 이에 대해 한번 알아보겠습니다.

상속세 세무조사가 나온 이유

우리나라 세금은 크게 납세자가 직접 신고하고 납부하는 '신고납부세목'과 정부에서 결정하는 세금인 '정부부과세목'으로 구분할 수 있습니다.

신고납부세목은 납세자가 직접 세금을 신고하고 납부하는 세금을 말합니다. 우리나라의 세금 대부분(소득세, 부가세, 법인세 등) 여기에 속합니다. 신고납부세목은 납세자가 직접 세금을 신고할 때 세금이 확정되기 때문에 세금 결정 권한이 납세자에게 있습니다. 그러다 보니 잘못된 신고도 생기고 일부러 누락한 경우도 있어 규모가 있는 납세자는 반드시 세무사가 대신해서 신고해야 합니다. 일부는 과세당국이 세무조사를 통해 잘못된 금액을 받아가고 있습니다. 참고로 신고납부세목의 세금을 신고하지 않으면 무신고 가산세 20%가 부과됩니다.

정부부과세목은 과세당국에서 납세자의 세금을 직접 계산해 고지하는 세금을 말합니다. 한동안 언론에서 많이 오르락내리락했던 종합부동산세(종부세)가 여기에 속합니다.

이 둘의 차이는 과세정보를 누가 더 많이 알고 있느냐에 따라 판별합니다. 과세정보를 납세자가 더 많이 알면 직접 신고하게 하고 과세당국이 더 아는 것이면 고지하는 겁니다.

그러면 상속세와 증여세는 어떤 세금일까요? 상속세와 증여세는 정부에서 부과하는 세금입니다. 희한하긴 하지만 엄연히 정부부과세목을 구분되어 있습니다. 그래서 상속세는 과세당국에서 결정하기 전까지는 확정된 것이 아닙니다.

그러나 우리가 앞서 살펴봤을 때, 상속세는 반드시 신고해야 한다고 했습니다. 만약 신고하지 않았을 때, 무신고 가산세 20%가 부과된다고도 했습니다. 그러면 신고의무가 있으니 신고납부세목과 같지 않나 생각할 수 있는데 상속세와 증여세는 납세자가 상속재산을 축소해 신고할 가능성이 커서 과세당국에서 결정하기 전까지는 확정되지 않은 세금으로 분류하는 것입니다.

그래서 상속세를 신고하면 상속세 결정(정확한 세금을 확정한다는 의미입니다)을 위해 세무조사 받을 것을 염두에 둬야 합니다.

그러면 상속세 세무조사는 어떻게 진행될까요?

상속세 세무조사 기관

상속세 세무조사는 보통 상속세 신고 후 6개월~2년 이내 진행되고 세무조사 기간은 2~3개월 정도 진행합니다.

상속세 세무조사를 진행하는 기관은 돌아가신 분의 관할 세무서로 결정됩니다. 만약 상속재산이 50억 원 이상인 때는 지방국세청에서 진행됩니다.

상속세 세무조사를 진행할 때 주로 보는 것은 돌아가신 분과 상속인의 은행, 증권, 보험회사 등과 거래한 과거 10년간의 금융거래 내역입니다. 금융거래 내역을 분석하고 검토한 후 과세자료와 비교해서 누락된 상속재산을 확인합니다. 그래서 상속세 세무조사의 핵심은 '사전증여'라 해도 과언은 아닙니다.

최근에는 사전증여 외 피상속인과 상속인의 재산증감 현황을 살펴봐서 증여로 추정해볼 만한 내용을 파악하고 있고 상속개시 후 2년 이내 용도 입증이 안 된 재산가액인 '추정상속재산'이 있는지도 중점적으로 보고 있는 경향이 있습니다.

참고로, 상속재산이 30억 원 이상이면 상속세 세무조사를 받았더라도 상속 후 5년 이내 상속인이 보유한 부동산이나 주식 등 현저하게 재산증감이 있으면 세무조사를 진행할 수 있어 주의해야 합니다.

상속재산 입증책임

세무조사 중 과세당국과 납세자 간의 의견 충동이 있을 때 모든 것에 대해 납세자가 입증하는 것은 아닙니다.

재산평가 방법이 잘못되었다거나 명의신탁 거래에 대해서는 국세청이 잘못된 것이라는 것을 입증해야 가능합니다.

그러나 차명계좌가 발견되거나 추정상속재산 등은 납세자가 입증해야만 합니다.

PCI 세무조사? 증여세

세무조사에 관해서 이야기하고 있어서 PCI 세무조사에 대해서도 한 번 살펴보겠습니다.

국세청은 2009년 이후 PCI(Property Consumption and Income Analysis System) 조사를 하고 있습니다. PCI의 영문 풀네임의 뜻을 아시는 분은 대충 짐작을 할 수 있을 것 같습니다. PCI 조사는 '소득-지출 분석시스템'을 말합니다. 즉, 소득 대비 지출이 적정한지를 분석하는 것입니다. 과세당국이 보유하고 있는 정보를 이용해서 일정 기간의 재산증가 및 소비지출액과 신고소득을 비교 분석해 탈세액이 있는지 확인하는 것입니다. 보통 상속세 세무조사보다는 증여세 세무조사에 진행합니다.

사례로 보면, 영희가 2년 동안 재산증가액인 2억 원이고 신용카드 등 소비지출한 금액이 총 2억 원이었습니다. 그리고 소득세를 신고한 금액 총 2억 원이라고 한다면 PCI 조사시스템에 의해서 다음과 같은 방식에 따라 추정합니다.

재산증가액		소비지출액		신고소득		탈루 추정액
2억 원	+	2억 원	−	2억 원	=	2억 원

상식적으로 생각해도 소득증가분보다 재산증가액과 지출한 금액이 많다면 과세당국은 그만큼 소득을 탈루하거나 누군가로부터 증여를 받은 것으로 추정할 수 있습니다.

그래서 소득이 적은 사람이 부동산이나 외제 차 등 고가의 차량을 구입할 때는 주의해야 합니다.

32 상속공제를 잘못 적용해 신고하면 어떻게 되나요?

잘못된 상속공제 후 가산세는?

상속세 세무조사가 진행하거나 과세당국에서 납세자의 상속세 신고 서류를 검토하는 도중 상속공제 등 잘못 적용한 것을 발견할 때가 있습니다.

예를 들어, 동거주택 상속공제 대상인 줄 알고 신청했는데 과세당국에서 확인 후 요건이 충족되지 않아서 불공제로 처리되는 경우입니다. 또한, 가업상속공제를 신청했는데 요건 불충분으로 불공제되는 경우 등 입니다. 아무래도 과세당국이 알아서 상속공제를 해주는 것이 아닌 상속인이 직접 신고해야 하므로 실수가 발생할 수 있습니다.

이뿐 아니라, 부동산과 같은 상속재산을 금전적 가치로 환산해야 하는데 그 가치를 잘못 계산하거나 평가방법 적용과정에 과세당국과 차이가 발생할 수 있습니다.

이렇게 되면, 실제 상속재산보다 적게 되어 세금을 적게 내서 나중에 과소신고 가산세를 적용할 위험이 존재합니다. 과소신고 가산세란 적게 낸 세금의 10%를 부과하는 것을 말합니다.

예를 들어, 상속세 1,000만 원 신고했는데 그 과정에서 잘못된 부분을 국세청에서 발견해 1,500만 원 결정했다고 봅시다.

그러면 과소신고 가산세는 적게 신고한 세금 500만 원(1,500만 원 - 1,000만 원 = 500만 원)의 10%인 50만 원의 가산세가 부과하는 것이 원칙입니다.

그러나 무조건 과소신고한 것에 대해서 과소신고 가산세를 부과하는 것은 아닙니다.

앞서 언급한 것 같이 상속인이 상속공제를 받을 수 있는 줄 알았는데 착각해 잘못 적용한 경우나 부동산과 같은 비화폐성 자산을 평가할 때 잘못 평가해 신고한 경우는 실제 세금보다 적게 내도 과소신고 가산세를 부과할 수 없습니다.

사례로 보면, 상속인 영희는 돌아가신 어머니와 함께 거주한 주택이 공제받는 줄 알고 '동거주택 상속공제' 6억 원을 공제한 후 상속세를 계산해 상속세 1,000만 원을 납부했습니다.

그러나 과세당국이 신청 내역을 확인 도중 요건이 충족되지 않아 6,000만 원을 추가로 추징하기로 했습니다.

이때 영희가 신고를 낮게 신고한 것이므로 과소신고한 세금 6,000만 원 × 10%인 600만 원 가산세를 추가로 더 징수해야 하지만, 상속공제를 오인해 신고한 것이므로 과소신고 가산세를 부과하지 않는다는 의미입니다.

과소신고 가산세를 부과하지 않은 항목

이처럼 상속세에서 적게 신고해도 과소신고 가산세가 부과되지 않은 항목은 다음과 같이 정리할 수 있습니다.

❶ 기초공제 또는 일괄공제

❷ 가업상속공제

❸ 영농상속공제

❹ 배우자상속공제

❺ 금융재산 상속공제

❻ 재해손실 상속공제

❼ 동거주택 상속공제

❽ 상속재산의 평가방법

33 증여세 구조에 대해 알고 싶습니다

증여세란?

상속세와 증여세에 대한 일반적인 선입견은 상속세는 부자만 내는 세금이고 증여세는 일반 서민도 잘못하면 거액의 세금을 낼 수 있으므로 조심해야 한다는 것입니다. 그만큼 증여세가 우리 일상에서 발생할 수 있는 상황에 세금을 부과한다는 것을 방증하는 것 같습니다.

그러면 증여세는 무엇일까요?

증여세는 다른 사람으로부터 금전이나 부동산 등 재산적 가치가 있는 것을 무상으로 받을 때 세금을 부과하는 것을 말합니다. 여기서 재산을 받은 사람을 '수증자'라 하고 재산을 준 사람을 '증여자'라 합니다.

증여세를 내는 납세의무자는 재산을 받을 사람입니다. 즉, 아버지가 자녀에게 1억 원을 주면 증여세 납세의무자는 자녀가 됩니다.

증여세 계산방식

증여세는 다른 세금과 특이한 점이 있습니다. 바로 증여자(돈을 준 사람)가 같다면 10년 이내 증여받은 것은 모두 합산한다는 것입니다. 다른 세금에는 없는 계산구조입니다.

즉, 아버지가 자녀에게 2016년에 1억 원 주고 2024년에 2억 원을 주었다면 증여세 신고할 때 1억 원과 2억 원을 모두 합산해서 다시 계산한다는 의미입니다.

그래서 증여세는 다음과 같은 구조 산출합니다.

	증여재산가액
+	동일인으로부터 10년 이내 증여받은 재산
−	채무인수액
−	비과세 및 과세가액 불산입
=	증여세 과세가액

−	증여재산공제
−	재해손실공제
−	감정평가수수료 공제
=	증여세 과세표준
×	세율(10% ~ 50%)
=	산출세액
+	세대생략 할증세액(30%, 미성년자 20억 원 초과 40%)
−	신고세액공제 3%
−	10년 이내 증여재산합산 시 기납부세액
=	납부할 증여세액

이 구조를 설명해드리겠습니다.

❶ 증여하게 되면 제일 먼저 증여재산가액을 계산합니다. 증여재산 가액이 금전 외 자산이면 시세를 반영하되 시세 반영이 어려우면 감정평가사 또는 보충적 평가(기준시가 등)방법에 따라 가격을 산정 합니다. 만약 금전으로 증여한 경우 해당 가액이 증여재산가액이 됩니다(당연합니다).

❷ 그리고 같은 사람으로부터 10년 이내 기간에 증여받은 금액이 있 으면 더해주고 증여받은 재산 중에서 담보된 채무(임대보증금이나 금 융기관 채무[44])이 있다면 차감합니다.

---

44) 채무를 인수해 증여한 것을 부담부증여라고 합니다. 부담부증여는 보통 전세 또는 월세 가 있는 건물을 증여할 경우 발생하는 것이 일반적입니다. 만약 부담부증여로 진행할 경 우 채무(임대보증금 또는 담보대출 승계분) 비율만큼 양도소득세가 계산되고 그 이 외는 증 여세로 계산하게 됩니다.

❸ 증여재산 중에서 사회통념상 (부모가) 부양의무로써 피부양자(자녀 등)에게 지출(생활비나 교육비 등)한 것 등 비과세로 규정한 것[45] 이나 공익법인 등에 출연한 재산 등 과세가액불산입으로 규정한 부분은 제외합니다.

❹ 이 금액에 증여재산공제를 하는데, 증여재산 공제는 다음과 같습니다.

증여자	배우자	직계존속	직계비속	기타친족[46]	기타
공제한도	6억 원	5,000만 원 (미성년자 2,000만 원)	5,000만 원	1,000만 원	없음.

배우자에게 증여하는 것이 6억 원으로 가장 많이 공제를 받을 수 있고 직계존속(부모) 또는 직계비속(자녀)에게는 5,000만 원을 공제받을 수 있으나 미성년인 자녀에게 증여할 때는 2,000만 원을 공제받을 수 있습니다.

그리고 사위나 며느리, 삼촌, 조카 등 기타친족으로부터 증여를 받을 때 1,000만 원을 공제받을 수 있습니다.

---

45) 비과세와 관련한 부분은 많은 분이 궁금한 내용이므로 장을 달리해 '37. 생활비와 축의금도 증여세를 과세하나요?'에서 자세히 설명할 예정입니다.

46) 6촌 이내 혈족 또는 4촌 이내 인척을 말합니다.

그 외에 다른 사람에게 증여할 때는 증여공제가 없습니다. 즉, 교수님이 학생에게 개별적으로 1,000만 원 증여하면 학생은 공제 없이 1,000만 원에 대한 증여세를 내야 한다는 뜻입니다.

그러면 세대를 건너서 할아버지가 손자에게 증여하면 얼마나 공제받을 수 있을까요? 할아버지도 직계존속이므로 손자에게 증여하면 5,000만 원(미성년 손자(손녀)이면 2,000만 원)을 공제받을 수 있습니다.

추가로 증여공제는 10년 이내 증여재산 금액에서 공제받는 금액임을 기억해야 합니다.

예를 들어, 아버지가 자녀에게 7년 전 6,000만 원을 증여하고, 2년 전에 1억 원 증여한 후 올해 1억 원을 증여했다고 가정해봅시다.

이때 적용받을 수 있는 적용 공제는 총 5,000만 원입니다. 즉, [6,000만 원 + 1억 원 + 1억 원 = 2억 6,000만 원]이 증여재산가액이 되고 여기서 5,000만 원만 공제를 받을 수 있습니다.

그래서 증여세를 내지 않을 범위에서 증여한다면 과거 10년 동안 증여한 금액을 합산한 뒤 생각해야 합니다.

❺ 증여 공제한 후 재산 평가할 때 감정평가사 수수료가 발생했다면 평가를 받은 재산이 부동산이나 서화 등이면 500만 원 한도로 비상장주식이면 1,000만 원 한도 내에서 지급한 수수료를 공제받을 수 있습니다.

여기까지가 증여세 과세표준을 산정하는 내용입니다.

❻ 이 금액에서 증여세 세율을 적용하게 되는데 증여세 세율은 상속세와 같습니다. 세율은 다음과 같습니다.

과세표준	1억 원 이하	5억 원 이하	10억 원 이하	30억 원 이하	30억 원 초과
세율	10%	20%	30%	40%	50%
누진공제	없음.	1,000만 원	6,000만 원	1억 6,000만원	4억 6,000만 원

과세표준에 세율은 곱한 금액이 '산출세액'이 됩니다.

❼ 이 금액에 세대를 생략해 증여한 경우(예를 들어, 할아버지가 손자에게 증여한 경우)에는 산출세액에서 30% 금액을 할증합니다.

즉, 할아버지가 미성년이 아닌 손자(21세)에게 1억 원을 증여할 경우는 1억 원에서 5,000만 원을 공제한 후 10% 세율을 곱한 금액인 500만 원에서 30%를 할증한 150만 원을 가산해 총 650만 원을 부과합니다.

만약 손자(손녀)가 미성년이면서 할아버지가 20억 원을 초과한 금액을 증여하면 40%를 할증합니다.

예를 들어, 할아버지가 미성년인 손자(15세)에게 50억 원을 증여했다면 50억 원에서 2,000만 원을 공제한 금액인 49억8,000만 원에서 [50억 원 − 2,000만 원 = 49억 8,000만 원, 세율 50%를 곱한 후 누진공제 금액인 4억 6,000만 원(세율표 참고)을 차감하면 20억 1,000만 원에서 49억 8,000만 원 × 50% − 4억 6,000만 원 = 20억 3,000만 원]이 됩니다.

그 금액의 40%는 [20억 3,000만 원 × 40% = 8억 1,200만 원]입니다.

8억 1,200만 원을 더하면 [20억 3,000만 원 + 8억 1,200만 원 = 28억 4,200만 원]입니다.

결과적으로 총 28억 4,200만 원을 내야 한다는 의미입니다.

증여세 신고기한

증여세는 증여받은 날이 속하는 달의 말일로부터 3개월 이내 증여세 신고를 해야 합니다.

즉, 아버지가 3월 3일에 자녀에게 1억 원 증여했다면, 증여세 신고는 3월이 속하는 달의 말일인 3월 31일로부터 3개월이므로 6월 30일까지 신고를 해야 합니다.

참고로 상속세는 상속개시일이 속하는 달의 말일로부터 6개월이므로 증여세와 신고 기간에 차이가 있는 점은 유의해야 합니다.

34 부모와 자녀 간의 증여공제는 어떻게 되나요?

부모 자녀 간의 증여

우리가 증여세에 대해 살펴봤는데 직계존속과 직계비손 간의 증여는 10년간 5,000만 원(미성년 자녀는 2,000만 원)을 공제받을 수 있다고 봤습니다.

그러나 부모와 자녀 간 증여는 특이한 점이 하나 있습니다. 부모는 두 사람이고 자녀는 각 개별적으로 한 사람이라는 점입니다.

예를 들어, 철수(57세)와 영희(55세)의 자녀 미숙(21세)이 있다고 보겠습니다.

자녀 미숙이 관점으로 보면 부모는 철수와 영희 두 명이지만, 철수 또는 영희 관점에서 미숙이는 한 명의 자녀입니다. 그러면 미숙이는 아버지와 어머니에게 직계존비속 관계로 각각 돈을 받을 수 있습니다. 직계존비속은 증여재산 공제금액이 5,000만 원입니다.

부모 모두 자녀에게 증여한 상황

그러면 자녀인 미숙이는 부모인 철수와 영희로부터 증여세를 계산할 때 아버지 철수에게 5,000만 원을 받고, 어머니 영희에게 5,000만 원을 받으면 돈을 준 사람(증여자)이 달라, 각각 5,000만 원 공제받아 증여세 없이 1억 원을 부모로부터 받을 수 있다고 생각할 수 있습니다. 과연 그럴까요?

그렇지 않습니다. 자녀 미숙이 관점에서 부모는 두 명이지만, 하나로 보고 증여재산공제를 적용합니다.

즉, 아버지가 5,000만 원을 주고 어머니가 5,000만 원을 자녀에게 주면 증여재산 공제는 5,000만 원만 할 수 있어 1억 원에서 5,000만 원을 차감한 금액에 증여세를 부과합니다.

그래서 증여세의 아주 예외적으로 부모가 자녀에게 증여할 때는 아버지와 어머니를 하나로 묶어 '증여자(돈을 준 자)'로 보고 증여재산 공제를 받게 됩니다.

자녀가 부모에게 증여하는 상황

그러면 그 반대 상황은 어떨까요?

즉, 미숙이가 세무사 시험에 합격해 돈을 많이 벌어 아버지에게 5,000만 원을 현금으로 주고, 어머니에게도 5,000만 원을 주었다고 하면 증여세는 어떻게 계산할까요?

이때는 원칙대로 수증자(돈을 받은 사람)를 기준으로 세금을 계산해서 각각 계산하면, 아버지가 받은 5,000만 원에서 증여재산공제 5,000만 원을 하고, 어머니가 받은 5,000만 원에 증여재산공제 5,000만 원을 해 각각 증여세를 산정합니다. 그러면 증여세가 나오지 않게 됩니다.

부모가 첫째 자녀와 둘째 자녀에게 증여한 상황

마지막으로 부모가 2명의 자녀에게 각각 5,000만 원을 주면 어떻게 될까요?

즉, 아버지가 첫째 아들(25세)에게 5,000만 원, 둘째 딸(23세)에게 5,000만 원을 지급하면 증여세는 어떻게 될까요?

이때도 마찬가지로 돈을 받은 사람을 기준으로 증여세를 계산하므로 첫째 아들이 받은 5,000만 원은 5,000만 원 증여재산공제를 받을 수 있고 둘째 딸도 5,000만 원을 증여재산공제 받을 수 있습니다. 이렇게 되면 증여재산공제 범위 안에서 돈을 받은 것이라 증여세가 나오지 않게 됩니다.

35 증여 후 취소하고 싶은데 가능하나요?

짧은 기간의 맞증여 = 교환 → 양도소득세 과세대상

코로나19가 한참 유행이던 2020년에 굉장히 특이한(?) 경험을 했었습니다.

그 시기 부동산 가격이 가장 상승하던 시점이라 부동산 세제 개편이 자주 일어났습니다. 유튜브 영상이나, 부동산 세금 강연 중에 절세하려면, 2020년 6월 17일(대대적 세제 개편이 있었습니다) 전에 무조건 증여하라는 식의 내용도 있었습니다.

물론 틀린 이야기는 아닙니다. 6월 17일 이후에 증여에 대한 취득세율은 3억 원 이상이면 3.5%에서 12%로 증가해서 향후 부동산 가격이 상승할 것이라는 기대심리하에서는 취득가액을 높이는 것이 좋습니다. 이왕 증여할 것이면 취득세라도 적을 때 하면 좋기 때문입니다. 취득가액을 높이는 것이 양도소득세 낮추는 데 도움이 되는 이유는 양도소득세는 매각한 금액에서 취득가액을 차감한 양도차익에서 세금을 계산하므로 취득가액이 클수록 양도차익이 줄어들어 양도소득세가 적어지기 때문입니다.

취득가액은 취득 시점에 구입한 가격이지만, 증여하게 되면 명의자가 달라지므로 증여 시점에 시세가 취득가액이 됩니다. 단, 전제조건은 일정 기간 이후에 매각해야 합니다. 그 기간은 2023년 이후는 10년 이후이고 그 이전에 증여한 것은 5년입니다.

그래서 많은 분이 세금 절감 목적으로 증여를 선택해 진행했습니다. 그러나 증여를 잘못하면 양도소득세가 부과될 수도 있다는 것을 유의해야 합니다. 왜 그럴까요?

증여는 무상으로 준 것이고 양도는 돈을 받고 판 것이므로 전혀 다른 개념입니다. 증여세가 아닌 양도소득세가 부과된다고 하면 뭔가 이상하다고 볼 수 있습니다.

하지만 제게 오셨던 의뢰인 중에서 그런 분이 있었습니다. 그래서 저도 2020년에 6·17 대책으로 특이한 사례를 보게 된 것입니다. 아마도 그분도 하루라도 빨리 증여하는 것이 세금 절감한다고 하니 다급하게 하셨던 것 같습니다. 그런데 이로 인해 거액의 금액을 세금으로 낼 뻔했습니다.

그분의 사례를 약간 변형해서 보면, 다음과 같습니다.

> - 남편 명의 아파트 취득가액 2억 원, 현재 시세 6억 원
> - 아내 명의 아파트 취득가액 1억 원, 현재 시세 4억 원

배우자 간의 증여는 6억 원까지 각각 공제를 받을 수 있으니, 남편이 아내에게 현재 시세 6억 원 아파트 증여하고 증여세는 없고, 아내가 남편에게 시세 4억 원짜리 본인 명의 아파트를 증여하고 증여세는 없고, 둘 다 취득세만 납부하면 되었습니다.

이 거래를 보면 증여한 사람이 무언가를 받고 증여를 받은 사람이 무언가를 준 경우입니다. 이것을 '맞증여'라 합니다.

둘 다 증여이지만 그 시점이 단기간이면 맞증여는 교환에 해당해 양도소득세 과세대상이 됩니다. 그래서 서로 교환하는 시점에 양도소득

세를 계산해야 하는데 조정지역에 해당하면 상당한 중과세를 적용받아 세금이 많이 나오게 됩니다.

이분들 역시 각각의 양도소득세를 다 합치면 약 3억 원이 넘는 금액으로 계산이 되었습니다. 3년 넘는 연봉 금액을 세금으로 내야 한다고 하니 굉장히 당황하고 억울해했습니다.

증여 취소

그러면 이분들 무조건 양도소득세를 내야 할까요? 다행히 그렇지 않습니다.

증여도 취소가 가능합니다. 그러나, 증여 취소는 아무 때나 하면 되는 것은 아니고 시점에 따라 달라집니다.

즉, 증여 후 증여세 신고기한 안에 증여를 취소하면 원래 증여한 것이 원상회복되는 형태가 되지만, 그 기간이 지나면 증여한 것으로 보게 됩니다. 단, 다시 반환한 것에 대해서는 증여세를 부과하지 않습니다. 그러나 증여세 신고기한 후 3개월이 지나고 증여 취소하면 처음 증여한 것은 물론 증여 취소로 인해 반환한 것에 대해서도 증여세를 부과합니다.

이것을 표로 보면 다음과 같이 정리할 수 있습니다.

	반환 또는 재증여 시기	애초 증여에 대한 증여세 과세 여부	반환 증여에 대한 증여세 과세 여부
금전 외	증여세 신고기한 내	과세 제외	과세 제외
	증여세 신고기한 후 3개월 이내	증여세 과세	과세 제외
	증여세 신고기한 후 3개월 경과	증여세 과세	증여세 과세

사례를 들어 1월 1일에 시세 3억 원인 아파트를 아내에게 증여했다고 보겠습니다.

1월 1일의 증여세 신고기한은 4월 30일까지이므로 그 기간 안에 증여 취소하면 애초 증여한 금액은 증여세로 부과하지 않습니다.

그러나 증여세 신고기한을 경과한 5월 1일에 증여 취소를 하게 되면 애초 증여한 것(남편 → 아내)은 증여세를 부과하지만, 증여 취소에 따라 다시 아내 명의가 남편 명의로 바뀐 것에 대한 증여세는 부과하지 않게 됩니다.

이와 달리 증여세 신고기한으로부터 3개월이 지난 8월 1일에 증여 취소한다면 어떨까요? 애초 증여(남편 → 아내)도 증여세 부과하면서 증여 취소로 인해 아내 명의가 남편 명의로 바뀐 것에 대한 증여세도 부과됩니다.

제게 오셨던 분도 맞증여로 거액의 양도소득세를 낼 뻔했지만, 다행히 증여세 신고기한 내 오셔서 남편이 아내에게 증여한 것을 취소함에 따라 양도소득세를 내지 않아도 되었습니다.

그러나 부동산 증여 등기로 납부한 취득세는 증여 취소를 해도 돌려받을 수 없습니다.

돈으로 준 것도 다시 받으면 증여 취소?

부모가 자녀에게 돈을 준 뒤 마음이 바뀌어 다시 달라고 하면 어떻게 될까요? 흔하지 않지만 발생할 수 있습니다. 몇 년 전 어느 어르신 중에서 부동산 판 돈으로 자녀에게 준 뒤 자녀가 부모 봉양하지 않은 것에 괘씸해서 다시 돌려달라는 소송을 한다는 기사를 봤었던 것 같습니다.

이때 증여세 신고기한 내 반환되면 증여세를 내지 않아도 될까요?

그렇지 않습니다. 금전으로 증여한 경우는 증여세 신고기한(증여일이 속하는 달의 말일로부터 3개월) 내 증여 취소를 해도 각각 증여한 것으로 봅니다. 즉, 금전에 의한 증여는 모두 증여세로 부과한다는 의미입니다.

예를 들어, 아버지가 자녀에게 1억 원을 1월 1일에 준 후 증여세를 신고한 후 2월 28일에 아버지가 생각을 바꿔 자녀에게 1억 원 다시 돌려달라고 해서 받았다고 해보겠습니다.

애초 1월 1일에 증여한 것에도 증여세가 부과되고, 이후 2월 28일에 반환한 것에도 증여세가 부과됩니다.

그래서 **금전 증여는 취소하면 세금만 더 내는 꼴이 되므로 꼭 주의해야 합니다.**

36 부모가 준 창업자금도 증여세를 과세하나요?

창업자금 증여세 과세특례

영희(24세)는 전국에서 외식조리로 가장 유명하다는 우송대학교에서 4년간 갈고 닦은 기술을 바탕으로 졸업 후 '영희네 빵집'을 창업하려고 합니다. 여러 교수님으로부터 실력이 좋다는 소리를 많이 들어서 본인 가게를 차리는 것에 자신이 있었습니다. 그런데 막상 창업하려고 하니 생각보다 큰 자금이 필요했습니다. 어린 나이에 지출하기에 너무 큰 돈이라 아르바이트하면서 돈을 번 후 나중에 창업할까 생각하다가 일단 도전하기로 했습니다.

그래서 대출을 받으려고 은행에 문의하니 나이도 어리고 사회생활도 없어 최대한 빌려줄 수 있는 돈이 2,000만 원이라고 해 자수성가한 부모에게 창업계획서를 작성해 설득한 후 3억 원을 증여받았습니다.

영희는 대학 시절 세법 수업을 들으면서 돈을 공짜로 받으면 증여세 신고해야 한다는 것이 생각나 세무사이신 교수님에게 상담 요청했습니다.

교수님은 영희의 내용을 보고 납부할 세금은 없고 신고하는 방법만 안내받았습니다.

영희는 교수님 상담하기 전에 '검색 사이트'를 통해서 증여세를 계산해봤습니다.

3억 원에 20% 세율 적용해 누진공제 1,000만 원을 차감해 4,000만 원 세금이 나왔습니다. 왜 세금이 나오지 않는다고 하셨는지 의아했습니다.

왜 교수님은 영희에게 세금이 안 나온다고 했을까요?

창업자금 증여세 과세특례

창업은 고용 창출과 국가 경쟁력 제고를 위해서도 꼭 필요합니다. 그래서 많은 국가에서 창업을 장려하고 있고 우리나라도 역량 있는 사람들의 창업을 지원하는 정책이 많습니다.

그러나 이 사례에서 봤듯이 창업하려면 가장 먼저 필요한 것 중 하나가 자금입니다.

자금은 외부로부터 투자를 받아 사업을 시작할 수 있지만, 대부분은 본인 자금이나 부모로부터 자금을 받아 진행하는 경우가 많습니다.

그러나 부모 등 타인으로부터 자금을 받고 다시 갚지 않아도 된다면 부모의 부가 자녀에게 무상으로 이전되는 것이라 증여에 해당합니다. 증여에 해당하면 당연히 증여세를 부과됩니다. 하지만, 해당 자금이 창업자금 명목으로 증여한 것이라면 최대 5억 원까지 증여세를 부과하지 않고 있습니다.

이렇게 과세혜택을 주는 이유는 앞서 이야기한 것처럼 창업 활성화를 통해 고용 창출이 이루어지고 국가 경제활력을 도모하기 위해서입니다. 그래서 최대한 장려하는 차원에서 창업자금 증여에 대해서도 혜택을 주는 것입니다.

그래서 앞의 사례인 영희는 부모에게 받은 3억 원에 대해서는 증여세가 나오지 않게 됩니다.

5억 원을 초과해 창업자금 증여한다면?

창업자금으로 과세혜택을 받을 수 있는 금액은 5억 원이라고 했습니다. 만약 창업자금으로 받은 금액이 5억 원을 초과하면 어떻게 될까요?

이런 상황에서는 최대 50억 원(10명 이상 신규 고용자 있을 때는 100억 원)까지 10% 세율로 증여세를 매기게 됩니다. 10% 세율은 증여세 세율 중 가장 낮은 세율이라 굉장히 큰 혜택이라고 볼 수 있습니다.

예를 들면, 철수가 한동안 백수로 지내다가 아버지가 학교 앞에서 떡볶이전문점을 열라고 10억 원 지원했다고 해보겠습니다.

원래대로 하면 10억 원에서 5,000만 원(자녀공제) 차감한 9억 5,000만 원에 대한 증여세(30% 구간 누진 적용) 2억 2,500만 원을 과세해야 하지만 창업자금이므로 10억 원에서 5억 원을 차감한 나머지 5억 원에 대해 10% 세율로 5,000만 원 증여세만 부과하게 됩니다.

2억 2,500만 원과 5,000만 원의 차이는 대단히 크지요. 세금을 줄인 금액이 한 사람의 연봉 이상이 됩니다.

그래서 창업자금 증여세 혜택이 많다 보니 악용할 수 있어서 혜택을 받기 위한 요건이 있고 혜택을 받더라도 일정 기간 사후관리 요건에도 적용됩니다.

창업자금 증여 요건

창업자금 증여세 과세특례를 받기 위해 우선, ❶ 돈을 받는 수증자는 18세 이상 자녀이어야 하고 ❷ 돈을 준 증여자는 60세 이상 부모여야 합니다.

그래서 창업자금을 할머니가 주거나 외삼촌이 주는 등 부모가 아닌 사람에게 받을 때는 증여세로 부과됩니다.

또한, 창업자금은 ❸ 반드시 현금이나 예금과 같은 것이어야 하고 양도소득세 과세대상(건물, 영업권 등)이 아니어야 합니다.

❹ 수증자(돈을 받은 사람)는 창업자금을 받은 후 2년 이내 꼭 창업(법인

사업자 또는 개인사업자)해야 합니다.

창업자금 사후관리

이렇게 창업자금 증여세로 과세혜택을 받은 이후 수증자가 2년 이내 창업하지 않았다거나 창업은 했는데 증여받은 돈을 4년 이내 해당 목적에 사용하지 않았거나 증여받은 후 10년 이내 창업자금 다른 용도 사용할 때는 증여세로 추징하게 됩니다.

그래서 창업자금을 받은 후 증여세 혜택을 받았다고 좋아하면 안 되고 꼭 사후관리 요건을 지켜서 추징당하는 일이 없도록 해야 합니다.

창업자금 증여도 사전증여재산 대상 여부

창업자금도 증여이므로 상속세 계산할 때 사전증여재산에 포함됩니다.

즉, 아버지가 아들에게 10억 원을 창업자금으로 증여한 뒤 4년이 지나 돌아가셨다면 상속재산가액에 10억 원도 포함해 계산합니다. 단, 사전증여는 10년(상속인) 이내 금액이지만 증여세 과세특례적용을 받은 창업자금은 증여받은 날부터 상속개시 일까지 기간과 관계없이 상속세 과세가액[47])에 가산합니다.

---

47) 상속세 및 증여세 집행기준, 13-0-5

37 생활비와 축의금도 증여세를 과세하나요?

증여세로 과세하지 않은 항목

증여세가 일반 서민에게도 두려움을 주는 이유 중 하나는 우리 일상 생활에서 나도 모르게 세금이 부과할 수 있다는 생각 때문입니다. 이런 생각의 저변에는 증여세가 무상으로 받은 것에 대해 세금이 부과하므로 부모가 자녀에게 주는 모든 금전은 세금이 부과 대상이 될 것이라는 선입견(?) 때문일 것입니다.

이런 선입견을 방증하듯 세무사로 일하면서 가장 많은 질문을 받은 것이 '자녀가 결혼하는데 아파트를 장만해줘도 되나요?' '유학 간 자녀에게 생활비를 줘도 될까요?' '결혼해서 받은 축의금을 자녀에게 줘도 되나요?' 등 실생활에서 피부양자의 의무로서 당연히(?) 하는 것입니다.

그러나 모든 증여에 증여세로 과세하는 것은 아닙니다. 다음의 항목에 대해 과세하지 않고 있습니다.

❶ 국가 등으로부터 증여받은 재산
❷ 국가 등이 증여받은 재산
❸ 정당이 증여받은 재산
❹ 사내근로복지기금 등이 증여받은 재산
❺ 사회통념상 인정되는 생활비·교육비 등
❻ 우리사주조합원이 취득한 이익
❼ 장애인이 보험금 수령인인 보험금
❽ 의사자의 유족이 증여받은 성금 등

우선 이 내용 중 우리 실생활에 필요한 것만 보도록 하겠습니다.

국가 등으로부터 지급받은 아동수당

국가나 지방자치단체로부터 자녀를 출산하거나 양육하는 과정에 지원받은 아동수당은 국가 등으로부터 무상으로 받은 것이기 때문에 원칙적으로 볼 때 증여세로 과세해야 합니다. 그러나 국가 등에서 지원하고 또 세금을 부과한다면 이상하므로 국가 등으로부터 받은 아동수당 및 지원금은 증여세로 과세하지 않습니다.

사회통념상 인정되는 생활비, 교육비 등

우리가 흔하게 접하는 생활비 등은 피부양자에게 부양의무로 지출한 것이면 과세하지 않습니다. 즉, 부양의무로 지출한 자녀의 생활비나 교육비는 과세할 수 없습니다. 이를 반대로 해석하면 부양의무가 없다면 생활비로 준 금액은 모두 과세한다는 의미입니다.

예를 들어, 고모가 조카에게 대학 입학 축하 기념으로 100만 원을 현금으로 주었다고 봅시다. 그러면 100만 원은 증여에 해당해 과세합니다.[48] 즉, 고모는 조카의 부양의무가 없기 때문에 그 상태에서 준 돈은 모두 증여세 과세대상으로 보는 것입니다.

또한, 할아버지가 손주에게 준 생활비도 과세대상입니다. 일반적으로 부모가 부양의무를 짊에 따라 할아버지나 할머니는 손주 부양할 의

---

48) 고모와 조카는 '기타친족'에 해당해 1,000만 원 증여공제를 받을 수 있어 100만 원에 대해서는 증여세가 부과되지 않습니다.

무가 없으므로 손주에게 준 생활비는 모두 과세대상입니다. 단 할아버지나 할머니가 손주를 부양할 의무가 있는 상태라면, 생활비는 모두 과세하지 않습니다.

축의금과 증여세

축의금과 혼수용품은 상속세 및 증여세법 시행령에 비과세로 규정하고 있습니다.

※ 비과세되는 증여재산의 범위 등(상속세 및 증여세법 시행령 제35조)
  3. 기념품·축하금·부의금 기타 이와 유사한 금품으로서 통상 필요하다고 인정되는 금품
  4. 혼수용품으로서 통상 필요하다고 인정되는 금품

따라서 축의금은 원칙적으로 결혼당사자에게 귀속되는 금품으로 증여세가 과세하지 않습니다. 그러나 혼주(부모)에게 귀속되는 축의금을 결혼당사자인 자녀가 가져간다면 증여세 과세대상이 됩니다.

그러나 일반적으로 혼주(부모)가 받은 축의금을 자녀에게 줬다고 해서 증여세 내라고 한 적은 거의 없는 것 같습니다. 만약 과세당국이 축의금까지 증여세로 과세하면 너무한다는 생각도 들 것 같습니다. 다만 혼주

(부모)에게 귀속되는 거액의 축의금이 자녀에게 귀속시켜 (자녀 명의) 부동산을 구입하는 등을 하면 증여세 탈루로 문제가 발생할 수 있습니다.

혼수용품과 증여세

혼수용품은 부모나 지인으로부터 받는 경우가 일반적입니다.

보통 집에 필요한 냉장고나 전기밥솥, 청소기, TV 등이 가사 관련 물건들입니다. 이런 물품은 결혼 축하 개념이므로 비과세로 규정하고 있습니다.

그런데 지금은 예전과 같지 않지만, 혼수용품 명목으로 부모가 자녀에게 아파트를 사줄 때도 있습니다.

아파트와 같은 주택도 혼수용품으로 볼 수 있을까요? 그렇지 않습니다. 주택은 비과세로 규정한 혼수용품이 되지 않아 증여세로 과세하게 됩니다.

그러면 차량은 어떨까요? 즉, 아버지가 아들 결혼 선물로 제네시스 차량을 선물했다면, 이 경우도 증여세 대상일까요? 차량은 가사용품이 아니므로 혼수용품에 해당되지 않아 증여세로 과세합니다.

38 가족 간의 자금거래 할 때 유의사항을 알고 싶습니다

가족 간의 차용거래

우리가 살면서 아파트 등을 구매할 때 거액의 자금이 필요해 대출을 받는 경우가 있습니다. 금리 인상에 따른 이자 부담이 커진다거나 금융기관 대출에 제한이 있을 때는 가까운 사람에게 돈을 빌리게 됩니다. 아무래도 마음 편하게 손을 내밀 수 있는 곳이 가족이다 보니 가족 간의 자금 차용거래가 발생할 수 있습니다. 그러나 해당 거래가 실제 차입거래라 하더라도 가족 간의 자금 차용거래는 허위일 것이라는 의심을 과세당국으로부터 받을 수 있습니다.

그래서 실제 가족 간 차입거래를 할 때는 해당 거래가 증여세 과세대 상이 되지 않도록 주의 깊게 살펴봐야 합니다.

이에 대해 한번 살펴보도록 하겠습니다.

가족 간의 차용 거래 시 주의사항

가족 간의 차용 거래할 때는 3가지를 주의해야 합니다.

첫 번째는 돈을 빌리는 사람의 소득이 정기적으로 발생하는지를 봐야 합니다. 미성년 자녀와 같이 소득이 발생할 것이라고 기대하지 않은 경우는 실제 차입거래라 하더라도 증여로 보게 됩니다. 또한, 미성년이 아닌 자녀라도 직업이 없으면 부모로부터 자금 차용 시 증여로 추정할 가능성이 큽니다.

그렇기에 돈을 빌리는 사람의 소득을 꼭 확인해야 합니다.

두 번째는 차용증을 작성해야 합니다. 차용증을 작성한다고 무조건 차입거래로 보는 것은 아니지만 가족 간의 자금거래가 차입거래라는 것을 공식적으로 확인할 수 있는 방법의 하나가 차용증이기에 작성하는 것을 권면합니다.

차용증을 작성할 때는 차입금액과 이자, 상환방법, 상환기일 등을 작성해야 하고 가급적 공증이나 확정일자를 받는 것이 좋습니다. 이유는 향후 자금출처에 대한 세무조사나 소명을 진행할 때 차용증 작성일자가 실제 자금을 차입한 날에 작성한 것이라는 것을 증명할 수 있기 때문입니다.

세 번째는 차용증에 기재된 이자만큼 반드시 지급해야 합니다. 사실이게 가장 중요합니다. 아무리 차용증을 작성해도 실제 지급한 이자 내역이 전혀 없으면 해당 거래는 모두 증여로 보게 됩니다. 그래서 가족 간의 차입거래는 이자 지급이 있는지가 제일 중요합니다.

이자는 적정 이자만큼 실제로 지급하면 됩니다. 적정 이자는 당좌대출이자율에 해당하는 이자로 연 4.6%입니다. 만약 적정 이자보다 적게 이자를 지급할 경우 그 금액이 매년 1,000만 원 이상 차이가 나지 않도록 조심하면 됩니다. 그 이상 차이나면 이자에 대한 증여세가 부과됩니다.

아파트 한 채만 있어도 고민되는
상속·증여 절세 플랜

초판 1쇄 2023년 5월 1일

지은이 이현진
펴낸이 최경선   **펴낸곳** 매경출판㈜
기획제작 ㈜두드림미디어
책임편집 이향선   **디자인** 노경녀 nkn3383@naver.com
마케팅 김성현, 한동우, 구민지

매경출판㈜
등록 2003년 4월 24일(No. 2-3759)
주소 (04557) 서울특별시 중구 충무로 2(필동 1가) 매일경제 별관 2층 매경출판㈜
홈페이지 www.mkbook.co.kr
전화 02)333-3577
이메일 dodreamedia@naver.com(원고 투고 및 출판 관련 문의)
인쇄·제본 ㈜M-print 031)8071-0961
ISBN 979-11-6484-552-1 (03320)

책 내용에 관한 궁금증은 표지 앞날개에 있는 저자의 이메일이나
저자의 각종 SNS 연락처로 문의해주시길 바랍니다.

책값은 뒤표지에 있습니다.
파본은 구입하신 서점에서 교환해드립니다.

같이 읽으면 좋은 책들

대박나는 부동산 중개
핵심
공인중개사
실무 교육

월천시리로 알려주는
부동산
경매·공매
특수물건
투자 비법

빌딩에서 상가 투자로 건물주 되기
거지였던 나는
상가 투자로
32억
건물주
가 되었다

부자 돼야 행복지수 올라줘
공매 투자,
지금이 기회다

직장인도 따라 할 수 있는
별장펜션 창업

부동산 투자, 제대로 하려면 장부터 따라
한 권으로 끝내는
토지 투자 성공공식

임장의 여왕이
알려주는
부동산 투자 전략

신방수 세무사의
이제 부동산 세금을 알아야
주택 보유 &
처분 할 수 있는 시대다

가로주택정비사업 A부터 Z까지
미니
재개발·재건축의
모든 것

당신의 경매 탈출구가 되어줄
이기는
부동산 경매의
비밀

종부세
핵폭탄 대비하는
완벽 솔루션

신방수 세무사의
양도
소득세
완전
분석

투자 전, 꼭 알아야 하는
상가임대차법

Real Estate Auction
부동산 경매,
초보에서
탈출하라

부대변의 내 집 마련 교과서
초규제 시대,
부동산 투자의 정석

세계적 공인중개사의 부동산 투자 이야기
돈이 되는 부동산
VS
돌이 되는 부동산

신방수 세무사의
양도
소득세
완전
분석

사례로 풀어보는
지분경매
지분경매 해결 TWO 가능
= 소송+협상

자금출처조사
무시했다가는 큰코다친다
신방수 세무사의
부동산 거래 전에
자금출처
준비하라!

부동산 관리도
경영의 시대

부자가 되기 위한 부동산 요리법
정준환의
부동산
레시피
전익 셰프가 건네는
부동산 투자이기 요리의 법
요리를 아는 것처럼
부동산을 익숙해지리라

초보를 위한 취업과 창업 완벽 가이드
잘나가는
공인중개사의
비밀노트
한 권으로 정리한 단기 속성 실무전략

新
명품 토지
중개 실무
다양한 사례와 함께 알려주는 실무 노하우

실패 없는 부동산 재테크
돈 길 따라가는
부동산 투자
정보학과 실전 경험의 비밀이 든
알을 내다보는 부동산 투자 기법을 전수한다

부동산 계약·등록·등기 전체 꼭 알아야 하는
부동산
세무
Real estate
Tax
Guide Book
가이드북
실전편
2019
개정세법 반영
전면개정판

개념부터 쉽게 배우는 부동산 필수 상식
돈 되는 부동산은
따로 있다
300개 알아둔 쉐테킹 저자가 전하는
부동산 투자 비법

지식산업센터 투자 실전 편
부동산 투자,
아파트형
공장이
틈새다
함께 받은 사례이지 아파트 형태 공장 투자 비법
시대는 다르게 있는 특별한 경쟁이 공장이

2달 만에 월세 200만 원 받는
월세 부자
레시피
이대 당신도 부자가 될 수 있다!

직장인들도
쉽게 따라할 수 있는
新 **부동산 공매**
가이드북
실전편

압류·NPL 투자자와 자산가도 꼭 알아야 하는
기막힌
부동산
절세의
비밀
생활 속 세금 상식을 담은
절세 팔독서

부동산
매매임대사업자
세무
Real estate
Business
Tax
Guide Book
가이드북
실전편

나는
부동산 투자로
파산자에서
100억 부자가
되었다

경쟁하기 싫은 경매 투자자들의 신세계
지분경매,
공유지분,
독점경매
남들과 경쟁하기 싫고,
혼자 전부 독식하고 싶다!

입찰에서 취득까지, 배당에서 명도까지
부동산 경매의 모든 것
이것이 진짜
성공 경매다
기치 투자로 승부하면서
실패를 최소화하는 성공 투자 비법

부동산 전문 아나운서의 재테크 실전법
결혼은 선택이지만
부동산
투자는
필수다

수익형 부동산 건축과 재테크 투자 비법
헌집 살래
새집 살래
건축을 알면
일의 부동산이 한눈에 보인다

부자 되는
주택
임대사업

돈 버는
공인중개사는
따로 있다

전세가를 알면
부동산 투자
가 **보인다**
시장 심리를 파악하면, 투자 흐름이 보인다!

서울시 공장경매과
주무관이 알려주는
부동산
거래와
판 례

스타들의
부동산
재테크

지분 경매로
토지 개발업자 되기

부동산 재테크
역세권이
답이다

세무사 경력이 알려주는
세무조사
대비의 모든 것

주택 연출가
무조건 따라하기

커피 한 잔 값으로
초대형 오피스 주인 되기
리츠
얼리어답터

고수익을 안겨주는 블루오션 경매
신의 한 수
금맥
경매

주택
아파트
세무 가이드북
실전편

권리분석
완전정복으로
10년 안에
10억 벌기

대한민국을
움직이는
땅 투자 법칙100

흔한 직장인의 흔하지 않은 특급 경매 성공기
돈의 보감
평범한 샐러리맨, 투잡 경매로
5년에 10억 벌다

경매로 재테크하고
NPL로 두 번째 월급 받다

나는 갭 투자로
300채 집주인이
되었다

토지
세무
가이드북
실전편

新 상가
투자
보물
찾기

상가
세무
가이드북
실전편

응답하라!!
위기의
부동산

나는
토지 경매로
금맥을 캔다

토지보상경매
실전활용

세무조사
실무
가이드북
실전편

야생화의
기초 경매

가치 있는 콘텐츠와 사람
꿈꾸던 미래와 현재를 잇는 통로

두드림미디어
경제·경영, 재테크, 자기계발, 실용서 전문 출판 임프린트

Tel. 02-333-3577
E-mail. dodreamedia@naver.com
https://cafe.naver.com/dodreamedia